熟年離婚を考えたら読む本

monika

はじめに

「私、離婚したほうがいいのでしょうか……」この問いかけを相談業をはじめてから何度となく聞いています。

この問いかけの意味は「どうやって、離婚したらいいのでしょうか？」ということではありません。「(私が幸せになるためには) 離婚したほうがいいのでしょうか？」ということです。

一生懸命家族を支えやっと子育てから手が離れた主婦の方が、ふと自分自身を振り返った瞬間。自分のことがさっぱりわからなくなってしまったことに気づき、思い悩んだ末に私のもとへとやって来て皆さんこう尋ねるのです。

……自分の好きな物も楽しい事もこれからの目標も何もかもが、ぼんやりと霞んだように感じてしまう。このままでは幸せになれるはずもない。でも、かといって自分の幸せを諦められるほどには達観できているわけでもない。

何かを変えなければ何も変わらない。そう感じてふと思い浮かんだ言葉は「熟年離婚」。離婚さえしてしまえばきっと人生はすっきりリセットできる！　やりたくないことを我慢してやったり、常に誰かの顔色を窺って窮屈な思いをしなくてもすむ！　フリーダム万歳！

でもまぁ、一度誰かに聞いてみよう。友達や会社の人にはこんなことは、なかなか相談できないなぁ……。魔術師？　なんだか怪しいけれど。私の人生に無関係な人に客観的に一度聞いてみることにしよう。きっと占いみたいなもんでしょう……。

私は魔術師として様々な方のご相談を受けています。魔術師なんていうと非常に怪しいのですが、簡単にいうと思考の整理のお手伝いをするのが私の仕事です。何かに悩んでいる人、さらにいえばなぜ悩んでいるのか自分ですらわかっていない人もご相談にいらっしゃいます。そんな中でも特に多い問いかけが冒頭の「私、離婚したほうがいいのでしょうか……」なのです。

この問いかけを受けたとき私は非常に慎重になります。

なぜなら、その問いかけの奥にある（私が幸せになるためにはどうすればいいのですか？）という本当の思いこそが、何よりも重要だと感じるからです。厄介なことに、その本当の思いはご相談者様の心の奥ではまだ、はっきりとしたカタチを保たないままバラバラに散らばってひっそりと隠されています。

本書は「熟年離婚」を考えてしまったあなたが大切な（自分の幸せ）を見失わないために、離婚前に確認しておくべき事柄と自分自身でできる思考の整理の仕方を順を追ってお伝えしています。離婚する・しないということだけではなく、この先いかにして幸せになるか？　ということを自分の中でハッキリさせ、人生に主体性を取り戻すお手伝いをします。これらを理解してからでも、離婚するのはけして遅くはありません。

最初は自分のことを考えることを難しく感じてしまうかもしれません。でもゆっくり一つ一つ確認していけば大丈夫です。焦る必要はありません。まだまだ時間はあります。本書を通じてあなたが自分自身の幸せに向かって一歩踏み出すお手伝いができたのなら、私にとってこんなに嬉しいことはありません。

monika

Contents 目次

第4章 確認その2　問題のすりかえ

ご購入特典・特別動画プレゼント

ご購入特典としてオリジナル動画を
プレゼントいたします。

【感情の整理整頓術】

（オリジナル動画40分　講師：monika）

動画内容

- 悩みとは何か?
- 感情を動かすもの
- 価値判断と罪悪感
- 感情解放ワーク
- 感情の解放とその後の注意点

etc.

プレゼントはこちらから
お受け取りください。

直接ブラウザに入力する場合は
下記のURLをご入力ください。

https://monika496611.grupo.jp/free3583750

特典は予告なく終了する場合があります。お早めにお申し込みください。

第1章

熟年離婚への
カウントダウン

01 魔術師に相談する女たち

そもそも魔術師って？

「熟年離婚」について考え、手にとった本に「魔術師」なんて言葉が出てきて、戸惑った方も多いかもしれません。安心してください。それが正常です。とはいえ私が魔術師であることを、本書を読むみなさんがあまり深く考える必要はありません。ここでいう魔術とは怪しげで恐ろしい呪いをするという意味ではなく、主に思考の整理の仕方についてのお話です。普段の私の主なお仕事は、この思考の整理を使ってご相談者様のお悩みを解決することなのです。

その解決方法とは、思い込みや思い癖で複雑に絡まってしまった思考を緩め、その思考の奥に隠された要素を見つけ出し、不必要な要素は省き、ご相談者様のご要望に従って整理し再構築することにより思考と連動したご相談者様の言動などを変化させ、お悩みを解決することです。

占い師やよろず相談員に毛が生えたようなものだと考えていただければ、おおむね間違いありません。要するに目には見えない情報や思考および感情の整理整頓研究家のようなものです。

人は悩んでいるとき、非常に視野が狭くなります。悩みに集中するあまり他のことが見えなくなり、普段なら簡単に見つけられる解決方法も目に入らなくなります。人間の脳は不安や恐怖を感じたり感情が大きく揺れるような出来事が起きると危険を避けるために、長期的な時間の流れや広い視野から見える様々な関係性などを見るのが難しくなるのです。たいていの悩み事が一年後には思い出すことも難しくなってしまうのは、悩んでいる最中は一年後の変化の可能性についてなど考えることができなくなっているせいです。

もちろんこれは脳の正常な働きです。一時的に視野が狭くなることによってとっさの行動（逃げるなど）ができるようになったり、ほかのことを考えなくて済むことで心理的負担が軽くなったりもするからです。とはいえ、いつまでも悩んでばかりもいられません。悩みを解決するためには一度、今の自分の思考の枠を外し、広い視野で悩み事とその周辺をしっかりと眺めてみる必要があるのです。

視野を広くするために有効な方法は、自分以外の人の視点を借りることです。それもできれば、自分とかけ離れたタイプの人の視点が望ましいです。人は立場やタイプによってものの見方が大きく変わってきます。共感を求めわかりあいたい場合は自分と似たようなタイプの人との交流のほうが楽しく盛り上がるかもしれませんが、自分にはない視点を借りたい場合はなるべく自分とはかけ離れた立場やタイプの人の視点を借りる必要があります。

相談業という仕事は、この視点を借りたい人のためにあります。相談業の人は広い視野を持つ（何事も決めつけない）訓練をされている場合が多いので、視野を広げるお手伝いができます。もちろん私もその訓練をしている一人です。

自分とはかけ離れた視点を借りるとき、そこには少々の痛みと驚きがつきものです。思ってもみなかった自分の姿や忘れかけていた苦い記憶を思い出すこともあるかもしれません。本書はなるべくマイルドに、でも必要なところはしっかりとお伝えするように書きました。もしも途中で辛い気持ちになってしまったら、休憩などをはさみつつ、ゆったりと読むことをおすすめいたします。

離婚相談が多い理由

離婚についてのご相談は常に多く寄せられています。大抵の良識的な人は、友人などの近い関係の人にネガティブで深刻な相談をすることを躊躇する場合が多いのです。おそらくネガティブな話をして引かれてしまうことを恐れてのことだと思います。

また、自分の中でハッキリした方向性が出ていない場合、身近な人に相談すると困ったことが起こる場合もあります。

人は自分に相談してくれる相手が好きであるほど親身になりやすく、親身になればなるほど自分の意見を取り入れて欲しいと思ってしまいます。それは相手の幸せを心から願っているからこそですが、相談した本人がどうしたらいいか迷っている場合に「こうしたらいいよ」と指示されるとかえってどうしていいのかわからなくなり、不安定な気持ちになってしまうことも多いのです。身近な人に相談してしまったせいで「自分が本当に気持ちを決めるまで待ってほしい」と思いながらもそのことを相手にはいえず、苦しい状態に陥ることも多々あります。

実は悩み事を気軽に相談できる場というのは案外限られていて、心の中のモヤモヤとしたものを吐き出す場所がないという人がたくさんいます。

そこで私の出番です。魔術師なんていう怪しい人に相談するのもある意味勇気がいることではありますが……。しかし、少なくとも魔術師相手に格好をつける必要はありません。ご相談者様には安心してネガティブなお話もしていただいております。魔術的な思考は、価値判断などの制限を外したカオスの中にあります。これは要するに「なんでもいいよー」ということです。

私自身は、ご相談者様に正しい道を示したり「こうしたほうがいいよ」などのアドバイスをすることはほとんどありません。決めるのはすべてご相談者様自身です。ですからこちらのいった通りにしなくても「やっぱりやーめた！」といわれたとしても。それ自体は何の問題もないのです。

とはいえ、現実を動かすためには本人の意思が定まっている必要があります。モヤモヤとした心の内を吐き出すだけでも気持ちは楽にはなりますが、「悩みを解決して自分の人生を変えたい！」という気持ちがあるなら、意思や覚悟、自分自身との約束が必要になってきます。

物語の中で魔法使いのおばあさんが魔法の対価を要求したり条件を付けたりしますよね。あれは「それがあなたの意志ですよ」という印になっています。魔法の期限は12時までという条件をつけられてもなお、「舞踏会に行きたい！」と考えたからこそ、シンデレラは運命を動かすことができたのです。

本書ではあなたに対価や条件を突き付けたりはしませんが、もしもあなたが現実を変えたいと考えているのであれば「幸せになりたい！」ということだけは心に誓っていただきたいと思います。

その意思こそが、あなたの今後を幸せへと導く大きな力になるのです。

02 弁護士ではなく魔術師に相談する理由

なぜ弁護士ではなく魔術師なのか？

離婚を考えるのなら、魔術師なんかより弁護士に相談するほうがよほど為になるのではないか？　と考える方も多いでしょう。大変もっともなご意見だと思います。現に私自身も、ご相談者様にDVや浮気、金銭問題などハッキリとした離婚原因があり離婚したい意思が固まっている場合には弁護士さんに相談することをおすすめしています。

とはいえ、そもそもそのような場合のご相談内容は「離婚したほうがいいのでしょうか……」ではなく「どうやったら離婚できますか！」です。【はじめに】でもお話ししましたが「離婚したほうがいいでしょうか……」という言葉の奥には「(私が幸せになるためには）離婚したほうがいいのでしょうか……」という思いが隠されていることが多いのです。
熟年離婚を考えたとき「即座に弁護士さんへ」とはならない場合が少なくないのは、このためです。

明らかに性格が合わないなどの一刻も早く離婚しなければならない理由があるという場合は、今の時代よほどのことがない限り我慢して結婚を継続させる方のほうが少ないのではないでしょうか（お子さんがいる場合などは「子供のため」と歯を食いしばって我慢してきたという方もいらっしゃるかもしれません。その場合は晴れて離婚することができるようになったのなら、弁護士さんのもとへとダッシュで駆け込むことをおすすめします）。

問題は、熟年離婚したいと思いながらもなんとなく自分では決めることができない。かといって離婚を考えてしまうくらいなので日々モヤモヤと辛い気持ちのまま過ごしている、この先どうしたらいいのかがさっぱりわからない……という場合です。

このような状態だからこそ「(私が幸せになるためには) 離婚したほうがいいのでしょうか……」という問いかけは生まれるのです。

しかし、幸せになるというのは実はなかなかの難問なのです。なぜなら自分の幸せとは自分の中にしかないからです。長年今の環境で生きてきたということは、それ以外の環境を知らないということでもあります。「どのような環境になれば、自分が幸せになれるのか？」が思い浮かびにくいため、なかなか環境を変える決心もつかないのです。何より長年「なんとなく嫌だな」と感じながら日々過ごしてきた場合、あまりにもそれが当たり前になってしまい「自分の嫌なこと」ではなく「自分の幸せ」について考えること自体が難しくなっている可能性もあります。

「私、離婚したほうがいいでしょうか？」

「自分で考える」「自分で決める」ということを長年してこなかった場合、「自分の幸せ」についてもついつい誰かに決めて欲しくなってしまいます。そして、「私、離婚したほうがいいでしょうか?」という問いかけをしてしまう人の多くは、そういう状態になってしまっています。

離婚は人生の中でもかなり大きな決断です。離婚をするということは今後自分の生活が大きく変わるということでもあるのです。その人生を大きく変えるような決断を、したほうがいいかどうか? とついつい誰かに問いかけてしまっているなら危険な状態です。まずは、しっかりと選択できる自分になってください。そのためにも自分自身と向き合う必要があります。

選択には責任が伴います。何かを選ぶと、それを選んだなりの可能性が生じます。責任とはその可能性を受け取る覚悟です。もちろん選択を間違ったと感じたのならば、また新たに選択しなおせばいいだけなのですが、大きな選択になればなるほど慎重に進めたほうがいいことは明らかです。人生にとって大きな選択である離婚を考えるのであれば、自分自身でしっかりと選択をし覚悟をもって挑む必要があります。

何かを選ぶときには基準が必要です。その基準にしていただきたいことこそ「自分の幸せ」なのです。離婚をするのであれば離婚後幸せになっていなければ意味がありません。離婚の原因が目に見えてわかるような外的要因ならともかく、表面からはわからないような内的要因なのだとしたら「自分の幸せ」を、よりしっかりと基準にしなければなりません。

熟年離婚の後もあなたの人生は続くので、「自分の幸せ」ということに焦点を当ててじっくりと考えてみることはとても大切なのです。

思考の整理にはちょっとしたコツがあり、このコツは山登りに似ています。山登りにはしっかりとした装備と準備、それから細かな目標設定が必要です。コツコツ一歩一歩登っていき、焦らずたまには休息をとること、時折頂上や地図を眺めて今の自分の位置を確認すること……。思考の整理を行うと、「自分の幸せは何か？」をしっかりと認識できます。離婚する・しないを自分自身で決断できるようになれば、どちらを選んだとしてもあなたは幸せになることができるでしょう。

03 「なんとなく嫌だ」のままでは動けない

「なんとなく」の中にあるもの

思考の整理の第一歩は、「なんとなく」の中にあるものを探ることです。「なんとなく嫌だ」はよく使われる言葉ですが、この「なんとなく」は様々な感情の塊のようなもので、一つ一つは曖昧です。おそらくあなたの「なんとなく」の中にも様々なものが隠れているはずです。

ここでいう「隠れているもの」とは、感じることはできても言語化することができないものです。「なんとなく嫌だ」ということはわかっても、何がどう嫌なのかはわからないということですね。

ご相談者様から「夫と一緒にご飯を食べるのも嫌なんです」というお話をよく聞きます。でも、「なぜ一緒にご飯を食べるのが嫌なのか？」については言語化できない人が大半です。「夫が嫌いだから」という方もいますが、それも大雑把な理由でしかありません。思考の整理をするなら夫のどのようなところが、どんなキッカケで嫌いだと思うに至ったのか？ということを細かく言語化していく必要があります。

はい。いうまでもないですが……この作業は非常に面倒くさい作業です。

だからこそ多くの人はこの作業をすることなく「なんとなく嫌だ」「とにかく嫌いだ」というところにとどまり、嫌な気持ちのままで現状維持を選択してしまうのです。「なんとなく」を探り言語化することは非常に大きな労力を伴います。たとえるなら、何も考えずにバンバン物を押し込んだクローゼットの中を一から分類して片付けるような作業です。

でも、「なんとなく」のまま勢いで離婚してしまったら、後々さらに大変なことになる可能性は高いです。

離婚は、今まで乗ってきた列車を降りるようなものです。そのとき自分が何を手放し、何を持って列車を降りるのか？　次にどこへ向かう列車に乗りたいのか？　これらをまったく考えなかったら、旅はかなり不安なものになります。

「なんとなく」の中を探らなくていいのは、なんとなく幸せなときだけです。

列車を降りるのは夫婦どちらかの人生が終わるときと決めているのであれば、あえて自分の荷物を探らなくてもいいでしょう。しかし、今あなたはこの列車を降りようとしています。少々面倒くさいとしても、この先持っていくもの・手放したいものの整理をして、この先どこへ向かうのか？　の大まかな地図くらいは手に入れておかなければなりません。

じっくり考えることを自分に許してあげよう

思考の整理という面倒くさい作業の第一歩は、「じっくり考えることを自分に許してあげる」ということです。悩んだり躊躇することはまったく悪いことではありません。ましてや長い間夫婦生活を送ってきたのですから、色々考えてしまうのは当たり前のことです。スパッと決められない自分のことをダメだと思ってしまう人もいるようですが、そんなことは気にする必要はありません。

「今までの人生を振り返ったら夫婦でいた時間が一番長い」という方も多いでしょう。それだけ長い間一緒にいたのですから、簡単に気持ちを整理したり割り切ることができないのは当たり前のことです。結婚生活において手に入れたものもたくさんあるでしょうし、逆に結婚生活のために手放してしまったものもたくさんあったでしょう。そんな結婚生活の様々な事柄について考えだしてしまったら、もうそれだけで何ヶ月、いえ、もしかしたら何年かかったとしても「スッキリ思い残すことなく整理できた！」とはいかないでしょう。

ですから、ゆっくり考えてください。そして自分の考えがまとまらないうちに、慌てて離婚する必要はありません。今あなたはそのタイミングを自分の手に握っているのですから。じっくり考えてからでも遅くはないのです。

とはいえ、ただダラダラと時を過ごすわけにはいきません。なんといってもあなたはこれから「自分を幸せにする」ための思考の整理をしなければならないのです。時間をかけてもいいですが、考えることを保留してはいけません。

人間の脳は基本的に現状維持をよしとしてしまいやすくできています。今あなたが幸せな状態であれば現状維持も悪いわけではありませんが、あなたは既に「このままでは幸せではない」と気がついてしまっている状態です。自分を幸せにするということは面倒なことを避けることではなく、現状を変えるような面倒なことをあえてやることです。

この作業は大変でも面倒でもやっただけの価値はあります。たとえ少々時間がかかってしまったとしても。この先の人生で「どのようにして自分を幸せにするか?」をじっくり考えていきましょう。今後あなたがどのような選択をするとしても、自分としっかり向き合った時間はけして無駄にはなりません。

04 ゴール（目標）を決めることで問題を明確にする

問題はゴール（目標）が決まるからこそ見える

「今の一番の問題は何か？」を考えようとしても、何をどうしたらいいのかがよくわからない、という人も多いかもしれません。中には「考える気力もわかない……」という人もいるでしょう。人間はあまりにも我慢をしすぎると感情がマヒしてしまい無気力になる場合も多いです。こういう場合はとにかく小さなことから一歩ずつはじめていきましょう。まずは具体的なゴール（目標）を決めるのです。

なぜなら、具体的な問題というのは、何らかの具体的なゴール（目標）があってはじめて見えてくるものだからです。

なんとなく嫌だという状態では「何が本当の問題なのか?」はなかなか見えてこず、やみくもに色々考えたところでただただ混乱してしまうだけです。ですから、とりあえず何らかの具体的なゴールを設定してみましょう。

「自分を幸せにする」が一番大切で忘れてはならない目標ですが、その目標だけだと抽象的過ぎて具体的な問題が見えにくくなってしまいます。ですから、まずは小さくてもいいので具体的な目標を定めてください。小さくても具体的なゴール(目標)を設定することで様々なことが見えるようになってきます。

具体的なゴール(目標)が定まれば「その目標を達成するためには何が必要で、何が問題となるか?」「その問題を解決するためにはどのような方法があり、その方法は実現可能な方法なのか?」「もしも、その方法が実現できそうにもないとしたら、実現を阻む問題とはどのようなことか？」というように、順を追って考えられるようになります。

前に進むためには何らかの目印が必要です。目標とはマラソンのゴールテープようなものので、これが目印になります。ゴールが設定され道筋が見えてきてはじめて「その道には石が落ちているから何とかしなくては」とか「川を渡る必要があるから橋を探そう」などと考えることもできるようになるというわけです。

怒りのエネルギーを使う

もしもあなたが、今まであまりにも我慢を重ねたせいで感情がマヒしてしまっていて、すっかり無気力になっているとしたら、小さな一歩を踏み出すことさえ辛く感じてしまうかもしれません。このような場合はポジティブなゴール（目標）を設定しようとしてもなかなか難しいでしょう。ポジティブなことを考えること自体が苦しく感じてしまうからです。

無気力で感情がマヒした状態のまま「なりたい自分を思い浮かべましょう！」といった

ところでなかなか上手くはいきません。また、物事のポジティブな面を見るかネガティブな面を見るかというのは、長年の癖のようなものなので人によっては元々ポジティブな目標を立てて辛いという人もいます。

そういう場合はネガティブな目標を立ててみてください。たとえネガティブだとしても、大きなエネルギーになるものがあります。

その大きなエネルギーとはズバリ怒りのエネルギーです。

怒りは嫌われやすい感情ではありますが、かなり強いエネルギーです。無気力でいるくらいなら怒りの感情があるほうがエネルギー値としては断然高いので、この怒りのエネルギーを使って問題と向き合ってみることも一つの方法です。「なりたい自分なんて思い浮かばないわ……」と感じていても、離婚したいくらい嫌だという感情はあるのですから、ここはひとつその感情を怒りにまで昇華させて、「離婚だー！　熟年離婚だー！　自由になって絶対幸せになってやるー！」というのをとりあえずのゴール（目標）にしてみてはいかがでしょうか。

大切な自分が今なぜこんなに苦しい思いをしているのか？　と考えてみると少しは怒りのエネルギーが出てきませんか？

なんとなく自分が悪いと考えてしまうのはもうやめにしましょう。人間ですから誰だってたまには間違えたり失敗することはあります。欠点がない人間なんていません。でもだからといって何でも自分が悪いと思って、自分ばかり犠牲になろうとするのはやめましょう。「自分さえ我慢すれば……」と考えてしまう女性は多いですが、この方法はあまりにも負担が多すぎて結果的に上手くいきません。

嫌なことがあるのであれば怒りましょう。べつに誰かを傷つけたり喧嘩しろといっているわけではありません。そのエネルギーをこれからの自分の幸せのために使いましょうといっているのです。

05 とりあえずのゴール（目標）としての熟年離婚

離婚してやる！ をゴール（目標）にしてみる

「離婚してやる！」がとりあえずのゴール（目標）になる人は多いでしょう。今の一番の悩みや、やりたいことが離婚なのだとしたらおそらくそれが最も自然なゴール（目標）になるからです。「いきなり何の準備もせずに離婚だなんて……」とちょっぴり不安に感じてしまうかもしれませんが、べつに誰にいうわけでもありませんし、自分の中で考えるだけであれば何の危険もありません（勢いあまってこの段階で周りの人に宣言してしまわないよう注意してくださいね）。

離婚するというゴール（目標）を設定したら、それを元に自分の人生についてじっくりと考えてみてください。変化することとしないこと、メリットデメリットなどを考えてみると様々なことを思いつくでしょう。

もしも離婚が成立したらあなたはどのような生活をしますか？　どこに住み、誰とつながり、どのような仕事や生活をすることになるのでしょうか？　また、離婚するにあたりどのような問題があるのでしょう？　金銭問題ですか？　それともお子さんとの関係や子育てについてでしょうか。仕事はどうしましょうか？　働くとしたらどんな仕事をしますか？　働かないとしたら生活にかかる費用はどうしますか？　たとえ苦しくても、たとえどんなに揉めたとしても「絶対に離婚したい」とあなたが思う決定的な離婚原因とはどのようなものでしょうか。

ゴール（目標）を設定すると、そこから派生して様々な問題や考えるべき事柄がでてくるはずです。これらの問題や考えるべきことを一つ一つしっかりと確認していきましょう。

慌てることはありません。離婚は仮のゴールであり、最終的なゴール（目標）は「自分を幸せにする」ことです。素早く離婚すれば幸せになれるというものではないのでじっくりいきましょう。離婚はタイムレースではないのです。

離婚について考えることをキッカケに、自分を幸せにできる力を身につけていきましょう。その力は、とりたてて特殊な能力ではありません。自分にとって幸せとは何か？　を細やかに知り、自分の幸せを維持するために必要な情報をしっかりと取り入れ、上手に使えるようになることです。この能力は人生を通して役に立つ能力ですから、慌てず焦らず一つ一つ身につけていきましょう。

なぜ離婚するのか？

離婚後の自分のイメージがサッパリわかないという人も多いかもしれません。「離婚してやる！」とは思うものの、その後の自分の生活についてはまったく考えていなかったという状態ですね。

これは、あまりにも夫に腹を立てすぎている場合に多い傾向です。この場合、「離婚」は夫への戒めであって自分の幸せのためではありません。「私と離婚して苦しむがいい！」というのが主な離婚動機です。離婚の瞬間はスッキリするかもしれませんが、その後も人生は続きます。ですからやはり自分の幸せについてはしっかり考えてから離婚すべきなのです。

怒りのエネルギーには、少々短絡的になってしまいやすいという欠点もあります。無気力で何もする気が起きない場合は怒りのエネルギーを使って奮起することは効果的ですが、短絡的になりすぎて「離婚」を一瞬のスッキリ感のためだけに行ってしまうような行為にまで発展すると危険です。当たり前ですが、エネルギーは上手に使いましょう。

また、結婚生活において常に自分のことよりも人のことを考えて生きてきた人の場合は、自分のことだけを考えようとしてもなかなか上手くできないことも多いです。これは、何を食べたいか？　どこへ行きたいか？　などなど自分の希望ではなく常に家族の希望を優先してきた結果、自分の希望がどこかに置き去りになってしまっている状態です。

離婚を考えるのであれば、これからはまず自分のことを考える癖をつけてください。離婚をするということは、これから一人で生きていくということです。特に「熟年離婚」の場合はお子さんの手も離れている場合が多いですから、自立が必要不可欠です。

自分の娘や息子に向かって常に泣き言をいい続けるようになってしまってはいけません。一人で生きていくということは時に厳しく寂しいことかもしれませんが、離婚は「一人になるためにすること」ともいえるのです。「自分の幸せは自分で掴む！」という気概は持っておく必要があるでしょう。

もしも、なかなか自分のことだけを考えるのが難しいとしても、少しずつ訓練していけば大丈夫です。まずは日々の生活の中で、主語を「自分」にしてみてください。そうすればだんだんと自分主体でものが考えられるようになり、自分にとっての幸せとは何か？　がわかってくると思います。

06 ゴール（目標）を決めたら状況整理をはじめよう

とりあえずのゴールを決めたら……

　ここまでであなたは、自分の中にある「離婚したい」「このままでは私は幸せではない」という気持ちに気づき、なんとなく嫌だと感じるその「なんとなく」の中を探り言語化することを決め、とりあえずのゴール（目標）として「熟年離婚」を設定できました。ここまでできたら、自分の状況整理をはじめましょう。

　いったい何がどうなって今の場所にたどり着いたのか？　そしてこれから先、自分はどのように生きていきたいと思っているのか？　を最初からじっくり紐解いていくのです。

当たり前ですが、結婚するときは誰でも「幸せになりたい」「幸せになろう！」と決めて結婚しています。そのときの自分と今の自分はいったい何が違うのでしょう。どこでどのように変化し、今の状況になったのでしょう。

私は離婚すること自体はまったく悪いことだとは思いません。それは幸せになるための選択肢の一つだからです。しかしここで問題になるのは、結婚もまた幸せになるための選択肢だったはずです。幸せになるために結婚して、幸せになるために離婚する……この2つの出来事の間にはいったい何が隠れているのでしょうか？

「幸せになろう」と努力を重ねてきたはずなのに、その幸せになるための契約が不幸の元凶になるとはどういうことなのでしょうか？　この長い時間の中で気がつかないうちに、いったい何が起きてしまったのでしょうか。

このような問いかけをすると、多くの心優しい女性は「私が至らなかったのです」と悲しそうにうつむきます。また多くの頑張り屋さんの女性はこういいます。「夫がダメだったんです！」

これらはどちらも正解です。しかし正解ではありますが、本当の問題はそんなところにはないのです。

自分が悪いのか？　相手が悪いのか？　離婚の問題はこのような単純なところにはありません。もっとずっと奥のほうにあるのです。そして、その奥にある様々な問題を解決することが、結局のところ「自分を幸せにする」ことへと繋がります。

ここはひとつ腰を据えて自分の今までの結婚生活と向き合ってみましょう。そうして今までの結婚生活の奥に潜んでいた問題を一つ一つ解決することができたなら。あなたの本当のゴールである「自分を幸せにする」ヒントもきっと見えてくるはずです。

幸せとは自分でつかみ取るもの

幸せとは自分で選択し、自分でつかみ取るものです。ましてや離婚してこの先一人で生きていこうと考えるのであればなおさらです。自分を幸せにできるのは自分しかいないのですから。

とはいえ、これは何も「一生一人で生きていけ」といった話ではありません。自分を幸せにできるのは自分しかいないというのは「脳の仕組み」のお話です。幸せになるためには幸せな出来事がたくさん起きる必要がありますが、その出来事とは事実と解釈で構成されています。解釈はあなたが自分自身の脳を使って導き出すものですから、あなたの幸せは、あなたの脳が幸せな解釈ができるかどうかにかかっているということになります。

たとえば「友人と食事をして楽しかった」という出来事は、「友人と食事をした」という事実と、「友人のことを快く思っていて食事という行為を誰かとすることも好きである」という解釈によって構成されています。

事実が同じように友人と食事をしたということだったとしても、自分の感じ方や価値判断が違ったものだったなら、「友人と食事をして楽しかった」は「友人と食事をして辛かった」へと簡単に変わってしまうのです。

その友人を快く思っていない場合もあるのかもしれないし、食事は一人でしたいと感じる人もいるかもしれません。解釈とは一人一人が持っている個別の物差しのようなもので、皆がそれぞれ自分なりの事実に様々な色付けをしながら理解している状態です。もちろん数字や記号のように個人の解釈のズレが少ないものもありますし、多くの人が同じように解釈する「常識」と呼ばれるものもありますが、どのような事実も情報も自分の脳内にいったん取り込まれた後に自分なりの解釈を伴って理解されるということは変わりません。

解釈に優劣はありません。「みんな違ってみんないい」ではありませんが人それぞれ感じ方が違うことは人間の豊かさの象徴であるともいえます。

問題は、「自分の物差しがあることを知らない人が多い」ということと「自分の解釈と相手の解釈が違うはずがないと思い込んでしまいやすい」ということです。

「人それぞれ色んな考え方があるよねー」といいながらも誰かと違う考えを持ってしまったら「私が間違っているのかしら……」となってしまったり、自分と距離が近い人に対しては「普通はこうするのが当たり前でしょう？」などといってしまったりしてしまいます。離婚の原因を考えるとき、「自分が悪いのか」「相手が悪いのか」よりももっと奥を見ようとしたのはこのことです。奥にある問題を解決するとは、自分の中の物差しを確認しその使い方を覚える必要があるということです。物差しをしっかりと確認してこそ、自分が幸せになる基準を知ることができるのです。

第2章

熟年離婚を考えてしまったら……

01 熟年離婚が頭をよぎるとき

離婚が頭をよぎるのはこんなとき

「熟年離婚」が頭をよぎるときとは、いったいどのようなときでしょう。もちろん「幸せ」だったり「充実」していたりして「人生大満足!」と、いうときではないでしょう。とはいえ、「今まさに大変なことが起きている!」というときでもなかったりします。本当に大変なことが起きている最中はその対処をしなければならないので離婚どころではない場合が多いからです。また、浮気や金銭問題、DVなどのわかりやすい離婚理由の場合は、「いつかは熟年離婚を」とはなりません。淡々と準備を整え、普通に離婚する方がほとんどです。離婚に向けて気持ちの整理をするというよりはサクッと離婚してからその後の人生を考える、という場合が多いようです。

熟年離婚についてのご相談で聞く、離婚したい理由は主にこんな感じです。「自由がない」「わかってもらえない」「一緒にいても孤独」「一緒にいる意味を見出せない」「なんだか息が詰まる」「このまま自分の人生が終わるかと思うと目の前が暗くなる」「とにかく夫が嫌い」「夫のいうことなすこと腹が立つ」などなど……。中には勢いあまって夫の死を望む人までいたりします。もちろん当然ながら実行するつもりがある人はいらっしゃいませんが、考えるだけにしても精神衛生上よいとはいえません。夫の死を望む人がいらっしゃったら、「死を望むのは止めるように」とお願いしております。

熟年離婚を考える原因は個別に見ると様々ですが、大きく分けると「結婚している意味が見いだせない」ということと「結婚のせいで不自由な思いをしている」ということ、そして「夫との意思の疎通ができない」という3つに分類することができます。つまり熟年離婚を考える人の大半は「私は何のために結婚しているんだろう」「結婚に縛られて自由がない」「夫のことがわからないし、夫も私のことなどわかっていない」ということを悶々と考え続けているということです。

これは精神的にかなり辛い状態ですが、即離婚へと行動を起こす人は稀です。

諦める気持ちと諦めたくない気持ち、現実的な考えとまだまだこれからという未来への希望、今まで積み上げてきたものと今後の人生で手に入れられるかもしれないものについて。悩んでいる最中は様々な思いが交錯し拮抗します。しかし、未来は確証があるものではありません。可能性は無限にありますが、その可能性の中には自分の望まない未来がやってくる可能性だってあるのです。

夫さえいなければ……の罠

熟年離婚を考えてしまう大きな3つの原因とは「結婚の意義がわからなくなる」「結婚に

縛られていると感じる」「夫と意思の疎通ができない」であるとお伝えしました。では、これらの原因は離婚さえしてしまえばスッキリ解消するのでしょうか？　実は大半のご相談者さんは「夫さえいなければ。離婚さえしてしまえば幸せになれる……わけではない」ことを無意識のうちにわかっていらっしゃいます。悶々と考え続けて行動に移せないのはある意味正解でもあるのです。

離婚したいときは、「夫さえいなければ……」と感じてしまいやすいです。辛い思いをしているぶん相手が加害者に見え、問題はすべて夫にあるように感じてしまうのも無理はありません。

本書の一章で、とりあえずのゴール（目標）として「（あんな夫とは）離婚してやる！」と設定していただいたり、夫に対する怒りのエネルギーを使って奮起しましょう……などとお伝えしました。このとき、一時的に夫を敵に見立てて奮起することはけして悪いことではありません。ですが、皆さん既にお気づきのように、「夫さえいなくなれば問題はすべて解決」「離婚してまるっと幸せ！」ということにはならないのです。なぜなら自分の幸せは主体的に掴む必要があるからです。そしてその自分の幸せを阻むものとは自ら向き合い、取り除いていかなければなりません。

先に述べた通り、出来事とは常に事実と解釈で構成されています。自分の解釈がいったい何から生まれるのか？　そこにはどんな基準があるのか？　をしっかりと見極め理解しなければ、外的要因をどんなに改善したとしても「幸せだ」と解釈できるようにはなれません。人はついつい周りを見て「何が正解なのか？」を知ろうとしてしまいます。自分の物差しがあることを忘れてしまい、誰かに合わせることで「それが正しい幸せなのだ」と思い込もうとします。あなたの幸せは周りの人が決めてくれるものでも、あなたの夫が決めてくれるものでもありません。自分自身の幸せのために一つ一つ自分と向き合いながら確認することをはじめていきましょう。

02 離婚！　と思ったら確認したい3つのこと

離婚！　と思ったら、まずは自分と向き合う

自分と向き合うこととは残念ながら非常に地味で面白みのない作業です。しかし「自分を幸せにする」なら、避けては通れない作業です。夫さえいなければ！　と離婚してその時はスッキリ幸せ！　と感じたとしても、その幸せは長くは続きません。

外的要因の改善からくる幸せとは、落差によって感じる幸せだからです。新しい状況に慣れてしまえば落差を感じること自体、難しくなってしまいます。そして、それと同時に幸せもどこかへ無くなってしまうのです。私があなたに本当のゴール（目標）にしてもらいたい幸せとは、このように消えて無くなってしまう幸せではありません。自分と向き合

い自らの手で掴み育んでいく幸せです。

自分と向き合うということは、主体性を持つこと。これは、自分の軸を取り戻すということでもあります。誰かが何かをしたから自分は不幸だとか、誰かが何かをしたから自分は幸せだという外的要因に左右されるのではなく、たとえ自分の周りの人がどうあろうとも自分の幸せは自分自身が決められる状態が、本質的な幸せなのです。

とりあえずのゴール（目標）を離婚にしているとはいえ、本来のゴール（目標）はあくまでも「自分を幸せにすること」です。そしてその幸せとは外的要因に左右されることのない幸せです。自分のことを知らないまま自分を幸せにすることはできません。結婚生活や離婚に対する思いを通じて、今までしっかり見てこなかった自分自身を探しにいきましょう。

問題解決の第一歩は、他人軸から自分軸へと思考の軸を移すところからです。自分以外の誰かのことを中心に物事を考えている人が変えられることはほんの僅かです。いえ、おそらくそのままでは何一つ変えることなどできないでしょう。

相手がどう思うかや周りがどう思うかではなく、「自分はどう思い、どうしたいのか?」へと思考の軸を変化させていきましょう。問題解決はそこからスタートするのです。

絶対に確認したい3つのこと

自分と向き合うことを決めたなら、絶対に確認していただきたいことが3つあります。それは、「関係のバランス」「問題のすりかえ」「コミュニケーションの問題」の3点です。これらは、先述した「熟年離婚を考えてしまう3つの原因」と深い関係があります。

熟年離婚を考えてしまう原因の1つ目、「結婚の意義がわからなくなる」という状態になる場合、「関係のバランス」が変化したために一時的にそう感じてしまっている可能性があります。

また、熟年離婚を考えてしまう原因の2つ目、「結婚に縛られていると感じる」と思った場合は、夫が自分を縛っているわけではなく、元々自分の中に何らかの精神的な縛りがあってそれを見たくないがために無意識のうちに「問題のすりかえ」が行われている可能性があります。
熟年離婚を考えてしまう原因の3つ目、「夫と意思の疎通ができない」も、相手が夫だから意思疎通ができないのではなく、夫婦間で何らかの「コミュニケーションの問題」があるのではないかと考えられます。

実は、これら3つの確認は離婚だけではなく、幸せな結婚にも役立つことです。少々気が早いですが、離婚後の幸せな再婚のためにも確認しておいて損はありません。この「3つの確認」については、次章で一つずつ詳しく解説します。

熟年離婚を考えてしまう原因3つ

もしかしたら悪いのは夫ではなく、これが理由かも!
要確認!

❶ 結婚の意義が分からなくなる → **関係のバランス**

❷ 結婚に縛られていると感じる → **問題のすりかえ**

❸ 夫と意思の疎通ができない → **コミュニケーションの問題**

03 離婚してもしなくても役立つ考え方

3つの確認は離婚してもしなくても役立つ

「関係のバランス」「問題のすりかえ」「コミュニケーションの問題」という3つの確認は、たとえ離婚しなかったとしてもあなたを幸せにするために役立ちます。

この3つの確認の方法は次章で解説します。これらを理解してから離婚しても遅くはありませんし、それどころか結婚生活が激変し、離婚を考える必要自体がなくなってしまうかもしれません。これら3つの確認はそのくらい大きなパワーを秘めているのです。

私のところにご相談にいらっしゃる方の中にはこれらのことについて「もっと早く知りたかった」という方も少なくありません。でも大丈夫です。人生はいつからだって変えられます。本書を読んでいる方の多くはまだ（かろうじて）離婚していない方が多いでしょう。たとえもう既に離婚した後に本書を手にとったとしても人生はまだまだ続くのです。

もしかしたらあなたは「結婚なんてもうこりごり」と感じているかもしれませんが、結婚の構造を知り、自分の心の中の「自分を責める何か」の正体を知ったとしたら、「自分らしい結婚ならば、もう一度結婚してもいいかもしれない」と感じるかもしれません。

自ら幸せになる力をつけよう

大切なことは自ら幸せになる力をつけることです。3つの確認をした後は、これからのことを自分ひとりでじっくりと考える段階に入ります。自分がこれからどんなふうに生きていきたいかや、そのために必要なものを考え、その後自分の棚卸をします。ここまでくると自分にとって何がベストなのかがだんだん見えてくるのではないかと思います。「なんとなく嫌だから離婚したい」などという漠然とした感じではなく、自分にとって何が幸せなのかを主体的に、しっかりと考えることができるようになっているはずです。こうなったらもう、あなたは自分を幸せにする力を手に入れているといえるでしょう。

この力があれば、離婚をするかしないかについても自分なりのしっかりとした理由に基づいた答えが出せます。何を選んでも自分は大丈夫だと感じ、心の余裕も生まれている状態です。

思考の整理は地味で面倒な作業ではありますが、やればやった分の効果があります。なにより「大切な自分」と向き合う時間を持つことは、それ自体が非常に豊かで贅沢なことです。自分を大切にするといわれてもピンとこないという方も多いかもしれませんが、まずは自分と向き合い、心の声を聞いてあげるところからはじめていきましょう。

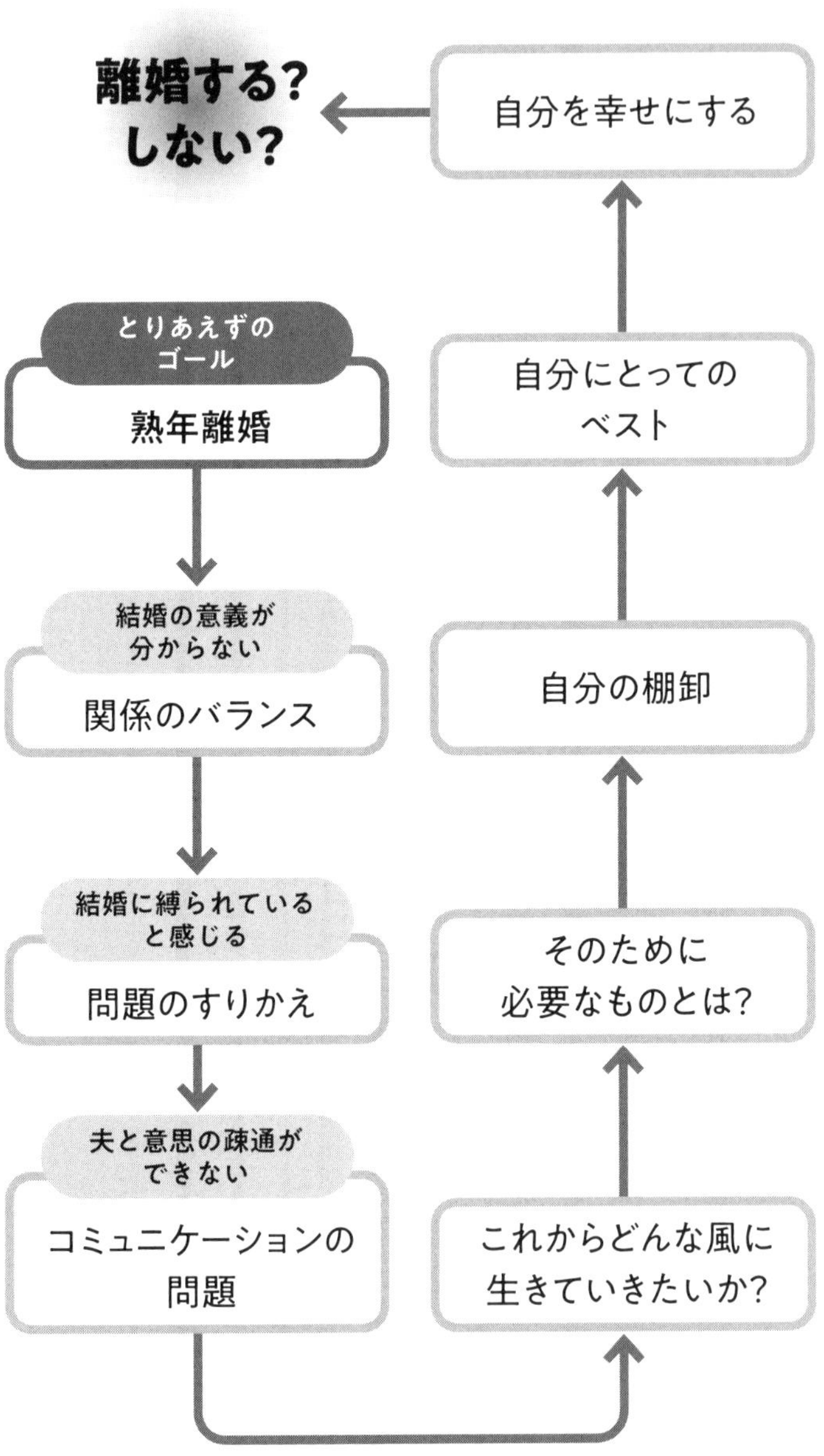
離婚する?
しない?
自分を幸せにする
とりあえずのゴール
熟年離婚
自分にとってのベスト
結婚の意義が分からない
関係のバランス
自分の棚卸
結婚に縛られていると感じる
問題のすりかえ
そのために必要なものとは?
夫と意思の疎通ができない
コミュニケーションの問題
これからどんな風に生きていきたいか?

第3章

確認その1
関係の変化について

01 関係の変化についてを考える

結婚は関係性に変化が起きやすい

当たり前ですが、結婚も人間関係の一種です。そして結婚は、数ある人間関係の中でも関係性に変化が起きやすい関係だといえます。長年（時に人生の大半を）一番近い距離感で連れ添うわけですから、もしかしたら離婚ぐらいしたくなるほうが当たり前なのかもしれません。「私たち夫婦は新婚のときと、一切気持ちが変わりません！」なんていうご夫婦は、非常に稀な例なのではないかと思います。

そもそも長い年月が経てば人間だって変わります。その変化が成長か老化かはともかく、考えることや好きなもの、それに自分のスタンスだって変わっていくのです。何十年も全く変わらないという人のほうが世の中には少ないのではないでしょうか。こう考えると結婚の誓いというものは、とんでもなく果てしないものに対しての誓いだといえるのかもしれません。うら若き男女が「50年後も自分達（の愛）は変わりません！」と誓うのです。なんだか空恐ろしくなってきました。結婚とは考えれば考えるほど本当にすごい関係性ですね。

前置きが長くなってしまいましたが、ここで私が提案したいことは、「結婚を変化も含めて考えてみよう」ということです。

「変わらぬ誓い」をしてしまったせいか、結婚してからのお互いの変化について悩む夫婦がたくさんいます。熟年離婚まで考えている場合なら、変化に次ぐ変化に見舞われて既に最初のことなど思い出せないという状態かもしれません。

人間は変化していく生き物です。大切なのは変化しないことではなく、変化するたびに関係性のメンテナンスを行うことなのではないでしょうか。

人生の様々な場面において自分が大切にするものや、パートナーと協力したいと思う事柄が変化するのは当たり前です。これらをその都度話し合い、関係性のバランスを調整することができていたなら、長年連れ添うパートナーである夫が頼もしい味方だと感じられるのかもしれません。結婚を長期的に続けていくためには、細やかなメンテナンスが必要不可欠です。とはいえ、メンテナンスの方法や必要性についてはほとんど語られることはありません。結婚というワードには様々な人の様々な思い入れが含まれており、なんとなくロマンチックに考える方も多いですが、歳をとれば自動的にいたわりあえる夫婦になれるわけではありません。まずは結婚の構造からしっかり確認していきましょう。

結婚における環境と構造

結婚とは立体的な構造です。「男女の関係性」「家族の関係性」「社会的関係性」という3つの関係性を含み、その一段上の抽象度に「結婚」がある形のピラミッドふうの立体構造です。つまり結婚とは「男女の関係性」「家族の関係性」「社会的関係性」に支えられているともいえるのです。しかし、この結婚を支える3つの関係性は（結婚を支えるためには必要不可欠とはいえ）互いに相容れにくい関係性です。それぞれの関係性をダイレクトに混ぜることはできず、無理に混ぜようとすると何らかの支障が出やすいのです。

3つの関係性がいかに相容れないかについて少し具体的に考えてみましょう。3つの関係性をいったんバラバラにして、それぞれをダイレクトに混ぜようとしてみるといかに相容れない関係性同士かがわかるようになります。

例えば、一般的に「男女の関係性」である恋愛に「家族の関係性」をそのまま混ぜた場合、「お兄ちゃん（妹）にしか見ることができない」とか「あなたのことは母親（父親）のように感じています」ということになりますが、これらのセリフの後にお付き合い成立ということはまずありません。「男女の関係性」に「家族の関係性」がダイレクトに混ざると恋愛自体が成就しにくくなるのです。

同様のことは他の関係性同士にもいえます。「家族の関係性」に「社会的関係性」をダイレクトに混ぜて「家族とはいえ社会的にキチンとした契約を結ぼう」なんて親子間・兄弟

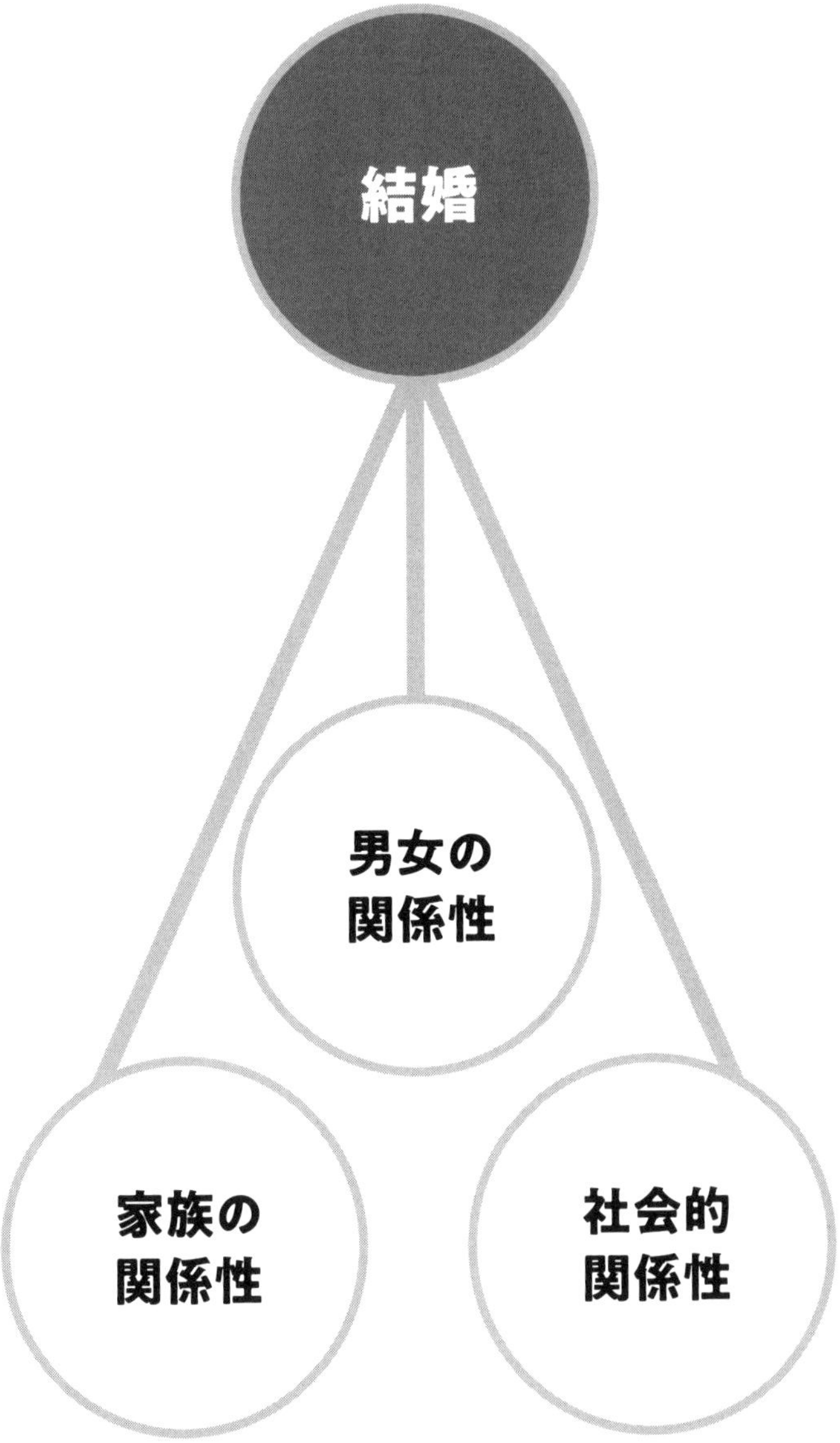
結婚
男女の関係性
家族の関係性
社会的関係性

間でいい出した場合、何らかの揉め事や詐欺行為が頭をよぎりますし、「社会的関係性」に「男女の関係性」を混ぜた場合も、よくてややこしい社内恋愛、悪く考えたらデート商法あたりを疑ってしまうでしょう。

このように「男女の関係性」「家族の関係性」「社会的関係性」はそれぞれ別々であれば何の問題もありませんが、ダイレクトに混ぜようとすると途端に問題をはらんできます。

こう考えると結婚は複雑で、非常に不安定なバランスの上に成り立っていることが見えてきます。そのうえ長い年月が経てばお互いに様々な変化をし、環境も大きく変わります。重視する関係性が変わるたびに関係性の割合のバランスも変化するのは当たり前なのです。

「男女の関係性」「家族の関係性」「社会的関係性」このすべての関係性を保ちながら、自分や相手の変化、環境の変化などにも耐え、長い年月結婚生活を持ちこたえてきたというのは、もしかしたらちょっとした奇跡みたいなことなのかもしれません。

02 結婚を支える3つの関係性

3つの関係性

「男女の関係性」「家族の関係性」「社会的関係性」という3つの関係性は結婚を支えるためには必要不可欠です。この3つのうちどれか1つでも欠如したら、一般的な「結婚」の関係性は成り立ちにくくなります。今のところ婚姻とは男女がお互いを扶養しあう社会的な制度です。あくまでも一般的な「結婚」を考えた場合は、この3つの関係性は必要不可欠といえるでしょう。

この3つの関係性の割合は、夫婦それぞれで全く違います。このバランス自体には正解も不正解もありませんが、夫婦間での互いの了承は必要です。というか、お互いに全く了承できない場合、結婚自体が成立しない可能性が高いです。3つの関係性のうちどの関係性が強いかで夫婦のタイプは大きく変わってきます。

「男女の関係性」が強い夫婦のタイプ：『恋人夫婦タイプ』男女としての関係性が強いので恋人同士の感覚が強い。いつまでも互いを異性として見ていたい（見られたい）気持ちが強く情熱的。若い女性があこがれやすい結婚のタイプ。

「家族の関係性」が強い夫婦のタイプ：『仲良し家族タイプ』家族としての関係性が強いので恋人というより仲間・家族というチームとしての感覚が強い。子煩悩だったり、互いの元々の家族も大切にする人も多い。

「社会的関係性」が強い夫婦のタイプ：『社会的協力タイプ』社会的な関係性が強いので恋人や家族というよりは社会的パートナーとしての感覚が強い。互いの社会生活に協力し合ったり一緒に仕事をしていることも多い。政略結婚などもこのタイプ。

これらのタイプ分けは3つの関係性のうちのどれか一つをメインにした場合の分け方なので少々極端に感じるかもしれませんが、実際はメイン以外の関係性も含みます。つまり、3つの関係性はどんなに割合が少なくても必ず3つとも含まれているということです。

実際の夫婦関係を細かく見ていくと、もっと様々なグラデーションがありますし、夫婦間でも多少の温度差はあります。温度差がどんどん大きくなるとそれに比例して夫婦間での揉め事も増していくといったイメージです。ちなみに、どのタイプの結婚生活を選ぶとしてもメリット・デメリット両方あります。何をよしとするかはその夫婦の好みの問題といえますが、その好みも時の流れや環境によって変化することも多いです。

恋愛と結婚の大きな違い

よく恋愛と結婚の違いについて質問されますが、答えは案外簡単です。結婚と恋愛の違いは単純に構造の違いになるからです。

「恋人ならいいけど結婚はね……」というセリフは、「男女の関係性」から見たらいいけど「家族の関係性」「社会的関係性」という点から見たら何らかの問題があるということを指しています。３つの関係性はそれぞれ相容れにくいので、これは意外と多い恋愛から結婚へと進まない原因です。

結婚は「男女の関係性」「家族の関係性」「社会的関係性」の３つを含んだ一段上の抽象度にある関係性ですが、恋愛は「男女の関係性」のみの平面的でシンプルな関係性です。人間関係は、シンプルな関係性であればあるほどはじめるのも終えるのも簡単です。感情的な話は別ですが、特に公的契約などがない恋愛関係は、お互いの了承のみで関係性がはじまったり終わったりします。

また、一般的に不倫関係が世間に叩かれてしまいやすいのも「男女の関係性」に夢中になることにより「家族の関係性」と「社会的関係性」を蔑ろにしてしまうせいです。「男女の関係性」だけだと他者にはほとんど無関係な場合が多いので無関心な人も多いのですが、「家族の関係性」や「社会的関係性」を蔑ろにすることに関しては他人事とは思えず、何かいいたくなる人も多いのでしょう。それだけ日本人は「家族の関係性」や「社会的関係性」を大切に考えている人の割合が多いということなのかもしれません。

次の節からは「男女の関係性」「家族の関係性」「社会的関係性」それぞれを具体的にお伝えしていきます。あなたにとってどの関係性が一番重要なのか？　また、今の結婚にはどの関係性が欠けていると感じるのか？　などを考えてみましょう。

03 男女としての関係

1つ目の結婚を支える関係性・男女としての関係

結婚は恋愛というカタチから入る場合が多いので、結婚と聞いてまず思い浮かべる関係性は「男女の関係性」でしょう。結婚前のうら若き男女や夢見る新婚さんなどは「男女の関係性」を大切にすれば結婚生活は安泰だと考えがちです。しかし、男女の関係性とは実は意外と脆弱です。

「男女の関係性」とは主に恋愛ですから、脆く儚いものです。脳科学の分野では恋愛感情は3～4年で終わるという説もあります。脳内の神経伝達物質（ドーパミン）が新しい刺激がなくなってしまうと分泌しなくなり、恋愛において大切なトキメキ自体が薄れてしまうのです。つまり長期的に常に一緒にいることによりマンネリ化してしまうということですね。

「男女の関係性」は関係のスタートにおいてはかなりの威力を発揮する重要な関係性ですが、その関係性のみでは10年20年と長続きする関係になれません。離婚問題において常に「浮気・不倫」が原因として上位に来るのもそのことを表しているといえるでしょう。

「男女の関係性」をお互いメインだと考えている人同士の結婚生活はラブラブな「恋人夫婦タイプ」になりやすいのですが、このタイプのデメリットとして「生活においての負荷が大きくなりやすい」ことと「マンネリ化したときのダメージが大きい」ということが挙げられます。

恋人として別々に暮らしているのであれば一緒にいるときだけお互いの女性らしい面・男性らしい面を見せ合うこともできますが、これが24時間365日続くとなると元々が非常に女性らしい・男性らしいタイプの人以外は、かなりの負荷がかかってしまいます。残念ながら日常生活はファンタジーではないのです。

また、日常生活を共にすればするほどマンネリ化は避けられません。そうなると平和で穏やかな日常こそが、二人の恋の炎を消火する見えざる敵となるのです。「男女の関係性」を重視する人の中でも、特に恋愛にドラマチックさを求めるタイプの人はマンネリ化を避けようとするあまり、無意識のうちに自ら問題を起こしてしまうという場合もありますので注意が必要です。

結婚は男女の関係性だけにあらず

結婚は基本的に「男女の関係性」だけでどうこうなるようなものではありません。一般的にいわれている男女差などというものは生活を共にすると一瞬で吹き飛びます。脱いだ靴下を拾うことや、埃がどこに落ちているかに気がつくことに男女差が関係するはずがありません。

生活は様々な小さな事柄の積み重ねです。そしてそこでは夫婦二人の協力が必要不可欠です。この場合の協力とは「男女の関係性」からの協力よりも「家族の関係性」や「社会的関係性」のほうが役に立つ場合も多いのです。

「今日も綺麗だよ」と褒めてもらうよりもゴミの日にはゴミをまとめて欲しい、素敵なアクセサリーをプレゼントしてくれるよりも電気をこまめに消してほしい、と感じる女性は少なくありません。男性だって、一生懸命着飾るよりもその分掃除をして欲しい、外でデートするよりも家でテレビでも見ながら一緒にのんびりしたいと感じることもあるでしょう。

「男女の関係性」が欠片もなくなってしまっては結婚は成り立ちませんが、男性も女性も、年齢や環境の変化と共に「男として」とか「女として」とかよりも「親として」や「人間として」ということを重視する場面が増えてくるということです。この重視することやものが変わるタイミングがお互いにズレている場合は、そこから揉め事や問題が起きやすくなります。

結婚を決めたときはお互いに「男女の関係性」を重視していたとしても、生活を共にし環境が変わることで重視する関係性が変わることはあります。そしてそれは至って自然なことです。自分にとって「男女の関係性」がどの程度重要なのか、また夫にとってはどうなのかを知ることが、自分の結婚のカタチを知るためには有効なのです。自分の結婚のカタチを知ることは「結婚の意義」について考えるときに大きなヒントになるでしょう。

04 家族としての関係

2つ目の結婚を支える関係性・家族としての関係

結婚を支える「家族の関係性」とは仲間意識にも似たチームとしての関係性のことです。夫婦で互いに力を合わせ共に生活していくという、結婚生活そのものを支える関係性になります。

「家族としての関係性」をメインとして考えている者同士が結婚すると「仲良し家族タイプ」になりやすいです。この場合、お互いの認識している家族像についてのすり合わせが重要になります。

家族像というものは（生まれたときから知っている）自分の家族を基準に考えてしまいやすくなります。生きている世界が違う者同士の結婚が上手くいかないとよくいわれるのは、この基準の違いを指しています。家族というものを考えるとき、よくも悪くも無意識のうちに自分の家族を基準にして考えてしまいがちですが、これは相手もまた同様に相手の家族を基準として考えている可能性が高いです。すると、気づかぬうちに「お互いの基準点が著しくズレている」可能性も大いにあるわけです。

この場合、共に家族を大切にしているつもりでも、相手からしたら全くそうは見えないということが起きる可能性も高いです。家族の中の「当たり前」は他人と比べるチャンスがないために「当たり前を疑ったり誰かとすり合わせたりすることがほとんどできない」という弱点があります。ですから意識的に家族像のすり合わせをする必要があるのです。

また、家族を大切に考えている人は、実家も同様に大切に考えていることが多いです。その結果、近い距離感の人間関係が増えて、関係性が複雑になりやすいです。もちろんお互いの家族に関する考え方が近い場合は、チームがさらに大きくて強固になる場合もあります。人によっては心強く感じる方もいるでしょう。

仲間意識・家族意識

「家族の関係性」は生活を共にすることにより育まれていきます。これはある種チームのような関係性ですから、結婚したばかりの頃はまだそこまで大きな割合を占める関係性ではない場合も多いです。

もともと「男女の関係性」をメインに考えていた夫婦の場合、「家族の関係性」の割合が増えることをよしとしないこともあります。これはお互いに「家族として・チームとして」よりも「女らしさ」「男らしさ」を求めるということです。

「家族の関係性」の割合が最も大きくなるのはやはり子供が生まれたときです。家族のメンバーが増えるという大きな出来事により、生活状況が大きく変化します。家事や育児など家庭内でやらなければならないことも倍増します。この時期は、かなり急激に生活環境が変化するため夫婦の揉め事が最も多くなる時期です。

この時期に「家族の関係性」を順調に育むことができれば結婚生活は安定します。反対に夫が仕事などで家にあまり居なかったりすると「家族の関係性」のメンバーから知らず知らずのうちに外されてしまい、後に疎外感を味わう可能性も生まれます。

「家族の関係性」の基本は夫婦関係ですが、子供も含んだ家族全員の関係性を含みます。子供がまだ小さい頃は、子供のお世話をすることを中心にチームで力を合わせるという感覚が強くなるでしょうし、子供が大きくなってくれば、チームメンバーの一員として大きな戦力となるでしょう。

しかし子供はいつか大人になります。大人になった子供は自分で自分の家族を作り、新たなチームを立ち上げることになります。もちろんそのことで縁が切れるというわけではありませんが、今までと同じような関係性でいられるわけではありません。結婚を支える関係性はやはり夫婦が基本なのです。家族の関係性の主要メンバーから夫が外れているような家庭は、子供の手が離れたとたん、妻は一人きりになったような気持になってしまいます。そのときに、結婚生活に意義が見いだせなくなる可能性はかなり高いのです。

05 社会的な関係

3つ目の結婚を支える関係性・社会的な関係

「社会的関係性」は結婚の制度そのものを表しています。結婚が家と家との繋がりと考えられていた昔、結婚とは「社会的関係性」にのみ支えられている状態に近かったのかもしれません。今でこそ少なくなってきていますが、政略結婚や親同士の繋がりが強いお見合い結婚などは「社会的関係性」の割合が高めの結婚といえます。

「社会的関係性」は前時代的と思われるかもしれませんが、現代でも社会的関係性メインの結婚をして、比較的安定した結婚生活を送っているご夫婦も少なくありません。「社会的関係性」を大切にする夫婦は、そもそも社会性がある人同士の結婚である可能性が高く、物事を決めるときにも、自分たちの主観的な考えだけではなく周りの社会のことまで含んだ客観的な視点からも考えて決めることが多いため、夫婦の争いもヒートアップしにくいのです。

「社会的関係性」には結婚を支える3つの関係性の中で最も変化しにくい関係性という側面もあります。

「男女の関係性」「家族の関係性」がほとんど消え去った後も、「社会的関係性」のみで結婚生活を維持している、という夫婦もいるくらいです。「社会的関係性」はそれだけ変化しにくいものであるということです。

「社会的関係性」をメインにした結婚というとなんだか冷たい感じを受ける人もいるかもしれませんが、人間は本来社会的な生き物です。結婚という制度を使うことで社会的に生きやすくなることをお互いによしとしているのであれば、それはそれで利害が一致した大変力強いパートナーシップだともいえるのではないでしょうか。

とはいえ、最近は結婚に「社会的関係性」を求めない動きも出てきています。事実婚などは「社会的関係性」をできるだけ排除したカタチだといえるでしょう。これはこれで、結婚を純粋に男女・家族（チーム）の繋がりだと考えるのであれば、しがらみが少ない新たな結婚のカタチといえるのかもしれません。しかし、夫婦というカタチでの社会との繋がりが薄くなってしまう分、夫婦それぞれがより自立し、個人として社会との関係性を維持していく必要があるでしょう。

社会生活をするうえでの結婚

現代では少しずつ変わってきていますが、結婚は社会的な契約です。世間の目や社会の目は常に向けられています。社会とは時に鬱陶しく、面倒くさいものではありますが、人は皆社会の中で生きています。結婚を通して自分がどのように社会と関わっていくのかということと、その関わり方を夫婦生活においてどのように反映させていくのかということをしっかりと考える必要があります。

結婚生活において「社会的関係性」はとても大切ですが、「社会的関係性」のみを重視してしまうと結婚生活の安らぎや仲間意識、男女としての関係性が薄くなってしまう可能性があります。

夫婦二人の楽しみのために一緒に買い物に出かけるのと、夫婦仲が悪いと世間体が悪いから一緒に買い物に出かけるように心がけるのとでは、同じ行動をしていても気持ちの部分では全く違ってくるでしょう。

ただ「社会的関係性」のみを重視してしまうのは嫌だなと感じたとしても、夫がとんでもなく変な格好をして外へ出ようとしたら、すぐさま止める妻は多いと思います。この場合、夫が変な格好をする自由よりも、それを見る世間の目（自分たち夫婦と社会の関係性）を重視していることになります。何を優先するかは人それぞれですが、実際に自分が何を優先しているかに意識的であることは重要です。

06 3つの関係性の割合は時と共に変わる

3つの関係性のバランス

結婚を支える3つの関係性「男女の関係性」「家族の関係性」「社会的関係性」は、3つとも結婚においては必要不可欠ですが、3つの割合には正しいバランスはありません。これらの割合のバランスの違いは単なる個性です。3つの関係性のうち何を大切にしているのかをすり合わせて、それを承認しあった者同士が夫婦になるのです。結婚に何を求めるかは人それぞれで、何を喜びとし何を負担に感じるかも人それぞれです。3つの関係性で何を重視するのかは単に個性でしかありません。

とはいえ、結婚はこれら３つの関係性に支えられている立体構造です。バランス的にどれか一つでも全くなくなると、一般的な「結婚」とは離れてしまう可能性が高くなります。

さて、ここからは「あなたにとって結婚とは何か？」について考えていきましょう。これまで３つの関係性について様々なことをお伝えしてきました。ここでしっかりと考えて欲しいことは次の４つのことです。

あなたにとって結婚を支える３つの関係性のうち

「今一番重要な関係性はなんですか？」

「今一番今不足していると感じる関係性はなんですか？」

「あなたが結婚したときに一番重要視した関係性はなんですか？」

「その関係性の割合は今はどうなっていますか？」

この4つのことを考えることで、あなたが結婚のスタート地点で何を目指していたのかということと、あなたにとって今の結婚がどのような状況なのかがわかります。

これらの答えが出たら、次に夫はどの関係性を重要視しているのか？　を考えてみてください。熟年離婚を考えている夫婦は、お互いの重要視している関係性が一致することはほとんどありません。悲しい話ですが、長年夫婦でいると、このようなことはけして珍しいことではないのです。

バランスの割合は環境によって変化する

3つの関係性の割合のバランスは時間や環境によって変化します。このことを理解できていないと夫婦間で大きなすれ違いが起きてしまいます。すれ違いは、それに気がつけば修正は比較的簡単なのですが、多くの場合、すれ違いが起きていること自体に気がつくことができません。

産後クライシス（出産後数年の間に急激に夫婦仲が悪化する現象）のように、目に見えるほど環境が変わっていてもすれ違っていることに気がつかない場合も多くあります。

産後には、妻の「家族の関係性」の割合が急激に増えます。自分たちで守らなければならない大切な家族が増えるのですから当たり前の変化です。しかし、夫側は自分の生活が変わらないので、妻の「家族の関係性」の重要度が大きく増えたということに、なかなか気がつかないこともあります。

妻側の関係性のバランスが大きく変化したことに気がつかず、夫が今まで通り「男女の関係性」や「社会的関係性」を大切に考えてしまうと、そこには非常に大きなすれ違いが起きます。

このとき、妻は妻で「これほどまでに大きな変化をしたのだから夫が今まで通りと考えるはずがない！」と考えるので、まさかすれ違っているとは思いません。その結果、妻からすると夫の行動のすべてが単なるすれ違いではなく悪意からの嫌がらせのように見えてしまったりするのです。

このようなわかりやすい事例なら比較的気がつきやすいですが、時間や環境とともに少しずつ変化してきた結果のすれ違いは、なかなかすれ違っていること自体に気がつきません。

自分が変化するように相手もまた変化するのではないか？　お互いの認識する「結婚」を支える3つの関係性のバランスが大きく変化しているのではないか？　ということは、常に気にかける必要があるということです。変化すること・すれ違ってしまうこと自体は避けられないことですが、お互いの変化を理解しあい、すり合わせることができるかどうかが結婚生活を維持するうえで大切なことなのです。

熟年離婚を考えている場合でも、結婚を支える3つの関係性のバランスから自分が何を望んでいるのかと夫が何を望んでいるのかをしっかり探ってみたほうがよいでしょう。自分を幸せにしたいなら、この関係自体をリセットしたほうがよいのか、それともすり合わせをしたほうがよいのかを冷静に考える必要があるからです。

第4章

確認その2
問題のすりかえ

01 問題のすりかえについてを考える

問題のすりかえとは何か？

人は自分の見たくない問題に直面したとき、それをほかの問題にすりかえてしまうことがあります。問題の解決が難しそうなときや問題解決の為の努力をしたくないときに、もっと簡単な問題とすりかえることで、自分の心の平安を保とうとするのです。木を隠すなら森の中ではないですが、問題を隠すなら問題の中ということです。

テスト勉強中にしてしまう掃除がこの例に当たります。「テストで悪い点数になってしまうかもしれない」という問題を解決するためには「勉強をする」という努力が必要です。しかしその努力はなかなかに辛い努力です。だからといって「努力はしない！」と決めてテストで悪い点数をとるのはやっぱり嫌だし……。そんなとき、目に入るのが机の角の埃です。机に埃がたまっているのも問題ですが、この状況では小さな問題です。しかし、掃除をはじめてしまいます。それは、掃除することで（小さな問題だとはいえ）問題解決をしていることになるからです。こうすることで、「テストで悪い点数をとるかもしれない」という問題を放置している罪悪感は薄れます。なぜなら、今、他の問題解決をしているのですから。「問題だもの仕方がない」と思えるのです。

このように、問題のすりかえは本末転倒な行為です。問題のすりかえでは、大元の問題は解決されず、本来の問題自体はなくなりません。また、ダミーの問題を解決してしまっても、更なるダミーの問題を引っ張り出してきてしまいなかなか終わりません。

問題のすりかえは無意識のうちに行われます。大元の問題に気がつくとかなり辛い努力が待っている（ように感じる）ため、必死に気がつかないようにしているのです。

実は、この問題のすりかえは結婚生活においてもかなり頻繁に起きています。結婚生活において「話し合い」というものがほとんど機能しないのは、そもそも話し合うべき問題がすりかえられているからだったりします。

夫婦間はお互いに問題を投影しやすい

夫婦は最も距離が近い他人です。これは、お互いに自分の問題を相手に投影しやすい関係ともいえます。自分の問題を見ないようにするために一番手っ取り早いのは、目の前の人の中に問題を見つけることです。人は誰でも完璧ではありません。身近な距離感で毎日生活を共にしている相手であれば、欠点や問題を見つけるのは簡単なのです。

こんなことをいうと夫の粗探しばかりしている人だといわれたような気分になってしまうかもしれませんが、あなたが悪いわけではありません。人は誰でも基本的に自分の問題と向き合うことが苦手なのです。なぜなら、「自分の問題と向き合うこと」イコール「自分の何かを大幅に変えなければならない」と感じてしまうからです。

実際の問題解決は「問題をきちんと認識して必要な対処をする」というただそれだけのことなのですが、問題を見ないようにした結果、問題自体が曖昧になって解決できなくなります。問題を見ないようにしても、現実には問題はそこにあり続けるので、心理的負荷はどんどん大きくなります。問題のすりかえがさらに問題を増やし、複雑化させます。

「夫に縛られている」と感じている妻の中には、夫そのものの言動より自分の中にある「いい妻」という幻想に縛られている人も多いです。この場合見たくないのは「いい妻ではないかもしれない自分」です。こうなると、本当はやりたいことをやったり、本当はやりたくないことをやらなかったりすることを自分自身で決められません。自分で決めた瞬間に、自分が思う「いい妻」という幻想を壊してしまうことになるからです。「いい妻ではないかもしれない自分」を見たくない。だからといってやりたいことを諦めるのも、やりたくないことをやるのも自分の中では割り切ることができない。

そんなとき手っ取り早くわかりやすい問題になるのは目の前にいる夫です。「夫に縛られているせいで」やりたいことができないし、やりたくないこともやらなければならない。夫さえいなければすべては解決するのに……と考えてしまうのです。

夫自体を問題にすれば、「いい妻ではないかもしれない自分」も「やりたいことを諦めている自分」も「やりたくないことを渋々やっている自分」もすべて見なくてすみます。もちろん、問題が本当に夫の言動にある場合もあります。この場合は問題のすりかえをしている妻が離婚を考えたとき、なぜか皆が、「私が悪いのです……」といいます。問題が明らかに夫にあるにもかかわらず、です（実は、自虐も問題のすりかえなのです）。

人間は現状維持を選んでしまう生き物です。本当の問題に目を向けそれを解決しようとすることに抵抗が生まれるのは当たり前のことです。とはいえ、本当の問題を見ないままでは「自分を幸せにする」ことはできません。本当の問題に目を向けることは難しく勇気がいることですが、がんばってチャレンジしてほしいと思います。

02 漠然とすべてが嫌だと感じるときについて

問題について考えたくないとき

「漠然とすべてが嫌だ」と感じるときは、問題について考えたくないときです。問題解決は手間がかかりますし、嫌なことと向き合わなければなりません。だから、見て見ぬふりをするほうが楽なのです。特に「何が嫌なのかもわからないけれどとにかく嫌だ」という心境になっているときは、問題が複雑に絡まってごちゃごちゃに詰め込まれているような状態です。これらをいったん全部取り出して、整理しなおすなんて面倒くさいに決まっています。大掃除をしようと決めてクローゼットの中のものを全部出して広げたところで力尽きてしまった……そんな思い出がある方もいるでしょう。自分と向き合うということは、そのくらい覚悟のいることなのです。

ですから、面倒だと感じてしまう自分のことを責めず、まずは「とにかく嫌だ」と感じて問題を認識しただけでも素晴らしいと思いましょう。一度「嫌だ」と思ったら、その思いは綺麗サッパリ目の前から消すことはできません。どんなに心の奥底にまた押し込もうとしても、気づいてしまったらもう後戻りはできないのです。ここで覚悟を決めましょう。

もしもここで自分の問題と向き合わず、目の前の嫌な気持ちをなくすために「すべての問題は夫のせいであり、夫さえいなければ万事うまくいく」と問題のすりかえを行い離婚を実行したとしたらどうなるでしょう。離婚して夫と顔を合わせなくなったとしても「漠然とすべてが嫌だ」は変わらないかもしれません。それでは本当の目的である「自分を幸せにする」がまったく叶っていないのです。

「自分を幸せにする」ためには、「自分にとって何が幸せなのか」と「なぜ今自分は幸せではないのか」を知ることが必要です（問題の認識）。そして、その問題を解決する覚悟も必要になります。本当の問題を見ないようにしたまま、本当に幸せになることは難しいのです。「とにかく嫌だ」と考えてしまう自分を責めてしまう自虐も、手っ取り早い問題のすりかえの手段になりがちなので、おすすめしません。

問題解決は（自分も含め）誰かを責めることでは実現できません。何が問題なのかを認識し、その解決方法を考えて選択し、実践してみることで実現するのです。問題の原因を探すことは必要ですが、それはその原因を責めるために行うことではありません。問題解決は感情的になることではありません。単にその原因を何とかする解決法を探し試してみるという、現実的な行為です。

自分と向き合って問題の原因を探し出した結果、原因が明らかに「夫」であり、問題の解決方法は離婚しかないと判断してからでも離婚するのは遅くはありません。

「漠然と」といいつつも

「漠然と」といいつつも「嫌だ」という感情に、あなたの心はもう気がついてしまっています。ハッキリと「嫌だ」と認識したら、もう心は後戻りできません。どんなに忘れようとしても、どんなに見ないふりをしても違和感としてずっと感じ続けてしまうでしょう。

問題を見ないふりをするにも限界があるということです。

問題に向き合って苦しい思いをするのと、問題自体を見ないふりをして苦しいのとでは、同じ苦しみでも苦しさの質が違います。見ないふりをするやせ我慢的な苦しさは自分の内部を蝕んでいく苦しみです。それに比べると、問題解決による苦しさはある意味わかりやすい苦しさです。しかも、この苦しさは問題解決に向かう可能性を秘めているのです。

熟年離婚を考えるタイプの人は、我慢強い方が多いです。自分のことよりも家族のことを考えてしまうような、優しく責任感のある人。こういう人は、日常的についつい我慢してしまうことも多いでしょう。そんな優しくて我慢強くて責任感のある人が「嫌だ」ということに気がついてしまった。これは、かなり大きなSOSが自分の心から発せられている……ということではないでしょうか。

選択肢は2つです。現状維持を続けてじわじわとずっと苦しいままか、問題に向き合い、苦しくても問題解決するためのアクションをとるか。どちらを選ぶかはあなた次第ですが、建設的なのは後者なのではないかと思います。

熟年が見えてきたとき、残りの人生は諦めるには長く、先送りするには短いのです。ここら辺で思い切って自分と向き合ってみましょう。

「自分の問題に向き合おう」と決意したのなら、まずは「漠然と」の中に飛び込む勇気を持つことです。「漠然と」は非常に厄介な敵です。なにせ掴みどころがありませんから。いったいどの位の範囲でどの位の深さなのか探ってみるまでわからないのです。しかし対処法がないわけではありません。

03 人は漠然としたものが苦手

人間の脳は不安定さを好まない

「漠然」とした不安を持ち続けることは、人間の脳にとって非常に不安定な状態で、ストレスがかかります。実際に思い切って向き合ってしまえばなんともないような問題でも、その原因がよくわからないままだと、不安で怖く感じるのです。

だから、この「漠然と」をしっかり見なければいけませんが、「漠然と」した不安に闇雲に飛び込んでしまうのもよくありません。問題のすりかえがますます加速してしまったり、疲れ切って問題に向き合うこと自体を諦めてしまう可能性があるからです。

では一体、どうすればいいのか？

実は、「あえて意図的に問題のすりかえをしてみる」のがその正解です。

「意図的に問題のすりかえをする」とは、いい換えれば「仮のゴールを作る」ということです。漠然としたものに漠然としたまま飛び込むと、「漠然と嫌だな」と感じていることはわかっていても「何が」嫌なのかはわかりません。

そこで、自分の中であえて（すりかえの）問題を作り出して、その問題について確認することを繰り返していきます。そうすることによって、だんだんと整理ができてきます。

本書の一章でも少し触れましたが「なんとなく」とか「漠然と」というものを整理する場合、目印や区切りをつける必要があります。この目印や区切りになるものが「何らかのゴール（目標）」であったり「何らかの敵（問題だと感じるもの）」だったりします。このように目印や区切りを作ることで、大きく漠然としたものでも小さく分けることができます。その後はその切り分けたものを、自分のゴール（目標）や問題（だと思うもの）と共に一つ一つ考えていけばいいのです。問題を小さく分けながら分類し、少しずつ整理していくほうが結果的には効率的です。

注意しなければならないことは、目印であるゴール（目標）や問題はあくまでも「仮である」ことです。漠然とした大きなものに、目印や区切りをつけ小さくしたものに向き合ったとたん「これさえ解決してしまえば大丈夫だ！」と感じてしまう場合も多いので、注意してください。

家中の大掃除をしたいときに、古い靴だけを捨てて満足してしまっては、いつまでも家は綺麗になりません。大切なのは最後までやり続けること。ほんのちょっぴりスッキリしたからといって、そこで満足してはいけません。

わかりやすい敵をつくる

漠然とした不安を解消するために、「あえて意図的に問題のすりかえをしてみる」のは有効な手段です。そこで、ここはひとつ、夫を「わかりやすい問題（敵）」と仮定してみましょう。優しいあなたは少々後ろめたい気持ちになるかもしれませんが、あくまでもこれは仮定の話ですし、夫を敵だと認定するのはこちらの頭の中だけです。あなたが面と向かって夫にいわない限り、夫は何も気がつきません。大丈夫です。

自分の幸せについてや人生についての整理をするために、夫をとりあえずの問題（敵）として問題を投影させ、具体的に様々な問題についてしっかりと考えてみましょう。

夫といることで自分は何を失ったのか？　夫といることで自分は何をどのように我慢しているのか？　夫がいなくなれば自分はどう変わることができるのか？　そう変わったとして自分は本当に幸せだといえるのか？　……などあらゆる観点から考察してみるのです。

ここでも忘れてはならないことは、あなたの本当の目標である「自分を幸せにする」です。そのために、「自分にとっての幸せとは何か？」「なぜ今自分は幸せではないのか？」という漠然とした問題を解消する、その過程として夫をとりあえずの問題（敵）として見ることで考えを整理をしているんだということを忘れないでください。今はあくまで「仮に」夫へ問題をすりかえているのだ、ということは常に覚えておきましょう。

十分に検証を重ねてから「夫と別れることこそが自分の幸せである」という結論に達したなら何も問題はありませんが、夫をわかりやすい敵にして攻撃することに夢中になりすぎるのは、本来の目標から大きく離れてしまいます。それが結果的に大きな歪みを生むことにもなりかねません。

04 夫を断捨離したい！

断捨離は快感です

夫を敵だと認識したとき、「バッサリと切り捨ててしまいたい！」と考える妻が多くいます。いっそ断捨離のように夫を綺麗サッパリ捨ててしまえば、悩みももやもやも万事解決するのではないかと感じている方もいるかもしれません。

断捨離などの、自分にとって不要だと感じたいらないものをバッサリ切り捨てる行為は快感です。いらない（と感じたもの）を捨てると、今まで「漠然と」脳にかかっていた負担を減らすことができるので、かなりスッキリします。とくに様々なものをよくわからないままに抱え込んでいた人の場合、捨てる行為は自由になる行為とイコールに感じやすく、物を捨てた瞬間とても気分がよくなります。

しかし、ここで注意しなければなりません。「もしかしたらこの問題の敵（夫）はダミーなのかもしれない」ということを。快感に任せて何もかもを捨てようとしてはいけません。思い出してください。断捨離にハイになりすぎて、必要なものまで勢いで捨ててしまったときのことを。少し肌寒くなってから「そういえば、ここにカーディガンがあったはず」と探したときに、ふと「このあいだ自分で捨てたんだった！」と思いだしたときの衝撃を。

捨ててはいけないとはいいません。しかし、自分が何を捨てようとしているのか、本当に捨てていいのかには意識的になりましょう。カーディガンですら、捨てたことに衝撃を受けることもあるのです。捨てようと思ったものが自分と近い人間関係であるなら、なおのこと注意深くなるべきでしょう。

本当に夫を捨ててもいいですか？

以上のことをふまえて、本当に夫を捨ててもいいのかどうかを慎重に考えてみましょう。何かを切り捨てる快感は一瞬しか持ちません。本来の断捨離は、捨ててスッキリすることが目的の行為ではありません。見るべきは物を捨てる快楽ではなく、「自分が何を残しこれからどう生きていくのか？」ということです。

では「夫を捨てる」と考えたときに自分に起きるいいこと、悪いこととは、どのようなことでしょうか。具体的ではっきりとしたメリットはありますか？　それとも、なんとなく離婚したいと考えていたものの、離婚する具体的なメリットまでは思いつかないでしょうか。

何らかの選択をすることで、未来に起きるであろういいこと、悪いことを考える場合、「狭く・広く」、かつ「長期的・短期的」に考えることが大切です。

人は悩んでいたり感情的になっているときに物事を考えると「狭く・短期的」にものを

考えてしまう傾向があります。しかし「離婚をする」などという大きな出来事の場合「狭く・短期的」にだけ影響が及ぶわけではありません。ですから意識的に「広く・長期的」にも自分にとってどのようないいこと、悪いことが起きるのかを考えてみる必要があるのです。

おそらく今、あなたの夫は「あなたにとって悪いこと」を起こしているでしょう。もしも何一つ悪いことを起こしていないのだとしたら、あなたが熟年離婚を考える必要はないはずですから。でも、その陰であなたの夫は何らかの「あなたにとっていいこと」も起こしているのかもしれません。その辺りもしっかり注意深く見ていく必要があります。普段から、問題のすりかえが起こっていた場合、夫はあなたの本当の敵ではないのかもしれません。だとしたら思い切って熟年離婚をしたにもかかわらず、また同じような問題に悩まされてしまう可能性もあるのです。

05 本当に夫だけが原因ですか？

離婚したい原因はなんですか？

ここでもう一度、あなたが熟年離婚をしたいと思う原因について考えてみましょう。

熟年離婚をしたいとご相談に来る方の多くは、結婚生活における窮屈さが自分が離婚を考えた原因だとおっしゃいます。家事の負担や自分で自由にスケジュールを決められないこと、夫の不機嫌な顔や行い、門限がある、休日も夫のための昼食作りがあるため日中は出かけられない……なんていう方もいました。

私はこれらのご相談を聞くたびに「それは確かに窮屈だなぁ」と思います。そして、「その決まりを一度やめてみたらどうか？」と提案します。家庭の決まり事を決める権限は夫にしかないのではありません。ましてや、妻の行動に関わることであれば、妻の意見が尊重されたとしても何もおかしくはないでしょう。結婚生活は夫婦二人の生活ですから、そのルールを二人で決めるということは本来当たり前のことなのです。

しかし、このような提案をすると、大抵の方はものすごく躊躇します。そして皆さんこういいます。「うちの夫はダメだと思います」と。あなたも、もしかしたら今そう感じているのかもしれませんね。

もちろん、このダメというのがＤＶやモラルハラスメントなどの暴力的なものと結びついている場合は本当にダメです。ダメもダメ。まったくもってダメです。悩んでいる場合ではありません。急いで離婚してください。あなた自身の身を守ることを最優先に考えてください。

しかし、そうでない場合は一度考えてみてください。もしこれまであなたが家庭の決まり事に対して一度も何の意見もいっておらず、夫が一人で決めているのだとしたら。あなたは何かをいう前に諦めてしまっているのだとしたら。そこには問題のすりかえが潜んでいる可能性があります。

「何かをやりたい」と思ったとき、あなたはいつもどうしていますか？
誰かにそのことを伝えたり、相談したことはありますか？
その為に必要な協力を頼むことはできますか？
そもそも自分のやりたいこと自体思い浮かべることはできますか？

これらがすべてＮＯだった場合、残念ながら、原因がすべて夫にあり、離婚さえすれば問題が解決するわけではないかもしれません。「夫が」という以前に、あなた自身が自分のやりたいことを正しく理解できていないという可能性があるからです。自分のやりたいことに向き合うことは、一見楽しそうですが、それなりに大変です。選択には責任がつきものですから、その責任を重たく感じてしまって選択そのものを他人にゆだねてしまう人も少なくありません。「ゆだねる」ということも一種の選択なので、ゆだねること自体は悪いことではありません。しかし、自分が選択をゆだねていることに気がついていないとしたら、少々厄介なことが起こります。

夫が消えたら幸せになれますか？

もし夫が目の前から消えたら、そのときのあなたは幸せそうにしていますか？

夫がいなくなった後の幸せそうな自分をイメージできないのだとしたら、あなたを縛っているのは夫ではないのかもしれません。「ゆだねる」とは「あなたの好きなようにしていいですよ。私の意見はありません」ということです。もし、これまでのあなたが夫に意見をいうことなく、夫の選択を黙って受け入れ続けてきたのであれば、夫はそれでいいのだと感じるでしょう。あなたがそれをよくないと思うのであれば、そのことをキチンと夫に伝えなければなりません。何もいわずに夫に察してもらおうと考えても無駄です。察することができる夫ならば、このようなことにはなっていません。というか、妻の希望を正確に察することができる夫は、この世にほとんどいないと考えていいでしょう。あなたの夫が特別ポンコツ（失礼）というわけではなく、それが普通なのです。

自分のやりたいことと向き合わずに、無意識に選択そのものを夫にゆだねてしまうと、自分の思い通りになることが少ないうえに、夫にいろいろ決められている気がして窮屈に感じます。そして夫が自分勝手な人間に見えるでしょう。だからといって、このままの状態で夫と別れてしまっても、今度はまた別のものに無意識のうちに選択をゆだねてしまうことになります。結婚生活が窮屈に感じて離婚したはいいが、今度は別のもの……たとえば新しい恋人や世間体に選択をゆだねてしまい、「ちっとも窮屈さから解放されない」という状態になってしまいやすいのです。

本当の目標である「自分を幸せにする」というところから考えるのであれば、「これさえなければ」と考えるより「これがあったら（幸せになれる）」と考えたほうが幸せに近づく可能性は高くなります。幸せになるためには、主体性が欠かせません。「自由とは選択することができること」でもあります。自分を幸せにするための選択とそれに伴う責任を受け入れる覚悟を待ちましょう。

06 本当の敵が別にいる場合も……

夫という敵を倒してみたけれど

「漠然とすべてが嫌だ」と感じていたあなたに、夫を敵に見立てて綺麗サッパリと捨てるまでをイメージしていただきました。夫という敵を倒すという想像をしてみて、どのように感じましたか？　そして夫がいないその後の人生をどう思ったでしょうか。なかには「気持ちが晴れ晴れとした！」という方もいたかもしれませんが、大多数の方はなんとなく後ろめたいような何ともいえない気持ちになったのではないでしょうか。

夫がいなくなった後の自分の人生を考えると、夫と別れたらもうそれで自分の人生万々歳、というわけではないことが、何となく見えてきてしまうからです。

あえて夫を敵に見立ててみたのは、「自分を責める何か」の正体を、夫そのものだと勘違いしている人が大勢いるからです。夫婦関係において夫を立ててきた人ほど、夫という存在をとても大きく強いものだと勘違いしてしまいやすい傾向があります。

その結果、まるで夫を理解のない保護者のように感じる一方で、自分自身のことを力のない子供のように捉えてしまい「自分が自由になるためには、とにかく夫を倒すしかない」と思い込んでしまいやすいのです。

この思い込みは、実際の親子関係でもよく起きる思い込みです。子供の頃は親の力をかなり大きく感じているので、自分が自由になれないのはすべて親のせいだと考えがちです。何度も自分の気持ちを伝えたり、信頼されるにあたいする行動をとったり、何らかの結果を出して親を説得するよりも、「どうせ話しても、親には何もわかってもらえない」と早々に諦めて「自分がやりたいことができないのは親がわかってくれないからだ」と問題をすりかえてしまう子供はたくさんいます。

しかし、親子関係の場合は一時的にこのような状態になるのも、成長の一環といえます。子供はいつか独立し、親のせいにするのも限界がくるのです。ただし、中には「親」の次は「夫」へと問題のすりかえを移行させてしまう方も少なくありません。

人生においての敵は……

人生の敵は自分の心の中にいます。もちろんこれは、あなたが悪いといっているわけではありません。そしてあなたの夫は実は素晴らしい人なんだよといっているわけでもありません。ただ私は、あなたは自分の心の中をもっと知る必要がある、ということを言いたいのです。

自分の心の中に「自分を責める何か」がいないかどうか注意深く見てください。「自分を責める何か」が心の中にいると、事実として何も起きていないにもかかわらず、夫の目線一つ呼吸一つで常に否定されたりダメ出しされたりしていると感じます。「そうだとしても、夫がいなくなればそう感じることもなくなるのでは？」と考えてしまう方もいるかもしれませんが、そうなった場合は別の誰かの目線や呼吸、笑い声などが「自分を責める何か」によって否定やダメ出しに変換されてしまいます。一瞬は楽になったとしても、実際の苦しさはそう変わらないのです。

「自分を責める何か」は、自分の心と向き合って「これは自分が作り出したものなのだ」と認識しない限りなくなりません。

人は自分自身の心を見つめるより目の前のわかりやすいものに原因を求めようとします。自分の心を見つめ、「自分を責める何か」を自分自身が作り出していたんだと思ったとしても、その次の瞬間、「自分自身を責める何かを作った私はダメな人間だ」と自分を責めてしまいます。ここで終わってしまったら自虐という問題のすりかえです。ここで終わらず、「で、それから（幸せになるために）何をするんですか？」と自分に問うてください。「自分はなんてダメなんだ」だけではなく、その次に「だから何をするんだ？」という精神が必要なのです。

熟年離婚は「自分を幸せにする」為にしなければなりません。自分と向き合い自分の幸せについて考え、自ら選択して、選択における責任をとる覚悟を決めてから離婚しましょう。何となく「自分を責める何か」から逃れるために離婚するのはおすすめできません。

ここまで「結婚の構造と関係性のバランスについて」と「問題のすりかえについて」をあなたと一緒に考えてきました。もしかしたら自分なりにも結婚生活について考えたり問題のすりかえについて考え「夫としっかりと話し合いたい！」と感じている人もいるかもしれません。しかし、もう少し待ってください。結婚生活を拗らせてしまった原因は、あなたのコミュニケーションの問題もあるのかもしれません。近い距離感での長期的コミュニケーションは最高難度のコミュニケーションです。自分のコミュニケーションを今一度確認してから話し合いに臨んでも遅くはありません。慌てなくとも話し合いのチャンスはなくなったりはしないのです。

第5章

確認その3
コミュニケーション

01 コミュニケーションを考える

夫とはどんなコミュニケーションをとっていますか？

夫とのコミュニケーションについて、日常的に気をつけている妻の数はどのくらいになるのでしょうか。「夫とはどのようなコミュニケーションをとっていますか？」と聞くと口ごもってしまう妻は非常に多いです。なかには「他の人にになら優しくできるのに。夫にだけにはなぜか酷いことをいってしまう」という方までいたりします。そしてその多くの場合、原因は夫のせいだとおっしゃいます。

しかし、コミュニケーションとはお互いの意思を伝えあうことですから、コミュニケーションがうまくいかないときは、相手を責めるだけではなく、自分のコミュニケーションの方法についても確認しなければなりません。

もちろん、人と人との関わりですから相性の問題もあります。しかし、相手は一度は結婚を決めて長年共に過ごした人です。相性がそもそもとても悪いということはあまりないのではないでしょうか。本当に相性が悪いなら、そもそも結婚までしていないはずです。また、相性が悪いにも関わらずうっかり結婚してしまった場合は、もっと早くに離婚になっているのではないかと思います。

なんにせよ、熟年離婚を考えている時点で、あなたとあなたの夫は現在進行形でコミュニケーションが上手くいってはいません。「離婚を考えている相手と、今更コミュニケーションをとっても仕方がない」と感じる方もいるかもしれませんが、コミュニケーションについて学ぶことは、離婚後も大いに役立ちます。他者との繋がりを持つ限り、どうしても必要になる能力だからです。

この機会にあなたのコミュニケーション能力をしっかりと磨きましょう。離婚するにしてもしないにしても、コミュニケーション能力は必要なのです。思い切って夫を練習台にするくらいの気持ちで取り組んでください。もしも、失敗したしたところで離婚が少々早まるだけです。さらにいえば、離婚の交渉にもコミュニケーション能力は必須です。自分の気持ちや条件をしっかりと伝えること、相手のいっていることをしっかり理解すること、そうすればお互いにとってよりいい形で話をまとめられるようになります。

これからお話しするのは、相手に媚を売ったり、相手を操ろうとするコミュニケーションではありません。そのようなコミュニケーションの方法も存在しますが、距離感が近い相手と長期的に付き合う場合には向いていない方法です。

コミュニケーションの練習

夫婦間のコミュニケーションは、対等な大人同士が最も近い距離感で長期的に関わるコミュニケーションです。最高難度のコミュニケーションといっても過言ではありません。

対等な大人同士ですから、お互いの力関係はハッキリしていません。そんな中で折り合いをつける場合、どちらか一方が我慢してばかりでも、どちらか一方が甘えてばかりでもいけません。お互い意見を出し合って話し合い、協力していかなければならないのです。また、夫婦は最も近い距離感ですから、最もお互いに影響を与え合う関係性です。自分に関係ないことであれば、相手に優しい言葉をかけるのはそう難しいことではありません。しかし、相手の言動がすべて自分に影響してくるとなれば、ついつい強い口調にもなってしまうでしょう。

何より長期的にコミュニケーションをとり続けなければならないので、たまに会っていい顔をするのとはまったく違います。表面的にどんなに取り繕っても、長期間それを続けるのは無理なのです。目指すべきは、自然で正直なコミュニケーションです。簡単そうに聞こえるかもしれませんが、実は「自然でいる・自然でいてもらう」というコミュニケーションこそが、最大難度のコミュニケーションです。人は人を恐れます。恐れるあまりに、格好つけようとしたり相手を操ろうとしたり服従させようとしたりします。でも逆の立場で考えてみると、格好つけてばかりの人や、自分のことを操ろうとする人と一緒にいたい人などいないでしょう。自分を服従させようとする人に至っては、近寄って欲しくもないでしょう。

「自然で正直」なコミュニケーションをできる人はあまり多くはありませんが、中にはそういう人と出会ったことがある方もいるかもしれません。「あの人といるとなんだか気が楽だなぁ」と感じて、なんとなく自分の緊張まで解けていくような人がそうです。

もちろん難易度が高いコミュニケーションを身につけたとしても、結果的に離婚になる夫婦もいます。その場合はきちんと話し合って、お互いの幸せのための離婚を選択すればいいだけなのです。

02 言いたいことがいえていますか？

コミュニケーション最大のポイント

「自然で正直」なコミュニケーションの最大のポイントは「言いたいことがいえているか？」です。もっといえば、「その言いたいことはちゃんと伝わっているのか？」ということです。夫婦間でコミュニケーションが上手くいっていない人のほとんどは、言いたいことを上手く伝えられていません。言いたいことをいっているつもりでも、その意図が伝わっていなければコミュニケーションは失敗なのです。酷い場合は、伝えたいことといっていることが全然違ったり、伝えたいことがあるのにも関わらず言葉にする前に勝手に諦めてしまったりしている人もいます。これではコミュニケーションが一方通行どころか、そもそも一方的にすら届いていません。もしもこの状態で他人と意思疎通がはかれるのであれば、私なんかよりよっぽど魔術を使いこなしているといえます。

「言いたいことをいう」ことは一見とても簡単そうに見えますが、実はかなり難易度が高い行動です。その理由は、ほとんどの人が自分の本当に伝えたいことを自分で理解していないからです。また、素直に言葉にすることを躊躇して、伝え方が難解になる人も多いです。こうなってくると、コミュニケーションが上手くいかないのは、ほとんど当たり前といってもいいレベルです。

コミュニケーションは気持ちのキャッチボールのようなものです。相手に受け取って欲しいと思うボールをキチンと選び、相手が受け取りやすいところに投げるのは基本中の基本です。相手がもしも自分のボールを受け取ってくれなかったら……などと考えて、どうでもいいようなボールを選んだり、わざと取りにくいところに剛速球でボールを投げるのはやめましょう。そんなことをしても相手はあなたのことを「なかなかやるな！　ボールを投げ合うのに素晴らしい相手だ！」とは思いません。せいぜい「キャッチボールしたくないのかな？」と思うのが関の山でしょう。

もちろんわざとではなくても上手くボールを投げられなかったり、受け損ねてしまったりは誰にだってあることです。失敗してしまったらそのことを認めて仕切り直し、もう一度今度は相手が受け取れそうな所へボールを投げたらいいのです。ボールを投げる前に「投げても受け取ってもらえないかも？」と諦めてしまうのは、コミュニケーション自体を放棄することです。ポツンとつまらなさそうにして、ボールが来ることだけを待ち続けていても、相手から見たらあなたがキャッチボールをしたいのかどうかすらわかりません。コミュニケーションは、やり取りです。相手に察してもらうことを待ち続ける「察してちゃん」からはもう卒業して、自分から勇気を出してボールを投げましょう。

なぜいえないのか？

言いたいことがあるのにも関わらず、なぜ素直にいうことができないのでしょうか？

自分の言いたいことがいえない人は、相手の反応を気にしすぎている可能性があります。言いたいことを口に出すよりも相手の反応が気になってしまって、「相手が自分の思ったような反応をしてくれないのであればいう必要はない」と言葉を飲み込んでしまうのです。

これは一見控えめな性格に見えるかもしれませんが、実はコントロールの一種です。自分が何を話すかや何を話さないかで、相手の反応を思い通りにしたいという願望の現れです。「相手に不機嫌になって欲しくない」という考えも、実はコントロールの一種になります。逆の立場になって考えるとわかるかもしれませんが、あなたが相手の何らかしらの言葉で怒りを感じた場合に、相手が「怒るならこれ以上何もいいません！」といったとしたらどう思うでしょうか。理不尽さを感じませんか？　あなたの感情はあなたのものです。感情を動かすことさえ禁じられたとしたら、相手からのコントロールを感じて窮屈に思うのではないでしょうか。

「自然で正直」なコミュニケーションをとることとは、自分の言いたいことをいう代わりに、相手の自由な反応も受け取る覚悟をするということです。たとえ相手の反応が自分が思っていたのとは違っていたとしても。それはそれで相手の気持ちなのです。受け取りましょう。気持ちを受け取ることは、相手のいいなりになるということではありません。相手の気持ちや相手の言葉を、文字通り「そうなんだね」と受け取るだけでいいのです。自分に反対意見があるのであればその旨を伝えればいいですし、これ以上議論する気がないのであれば、そこで会話をやめてもいいのです。ただし、「どうせいっても無駄」と自ら諦める選択をしたのであれば、その選択をしたのは自分だということを忘れないようにしましょう。

自分と相手の意見が違うことは、コミュニケーションをとるうえで何の問題もありません。しかし、相手が自分の思う反応をしないのが嫌だから自らコミュニケーションをとるのをやめたにもかかわらず、相手のせいにするのは問題です。相手のせいにすることを繰り返していると、知らず知らずのうちに相手の反応ばかりを見張るようになってしまいます。自分自身が相手の反応にどんどん縛られていくような感覚になってしまうのです。

03 聞き方と伝え方

聞き方は「ただ聞く」

「自然で正直」なコミュニケーションのために、まずは聞き方の訓練からはじめましょう。「自然で正直」なコミュニケーションをとるための聞き方は「ただ聞く」ということです。あまりに簡単なことで拍子抜けしたかもしれませんが、この「ただ聞く」は実は難しいことなのです。

実際ほとんどの人が「ただ聞く」ができていません。相談業として仕事をしている人の中ですらできない人もいます。おそらく皆さんも、誰かとの会話中にひっそりと「そういうことをいっているんじゃないけどなぁ……」とか「いや、そうじゃないんだよなぁ……」

と考えたことがあるでしょう。

誰かの話を聞いているとき、「きっと、こう話すだろうな」という予測のもとで聞いてしまうことがほとんどです。一般的に「会話のラリー」をしているとき、人は相手が話しはじめた途端に相手の話を予測して、その予測をもとに次に自分が何を話すのかを決めています。テンポよく会話を進めることをよしとしているところがあるのです。これは近すぎない距離感でスムーズに物事を進めるためには非常に適したやり方です。たとえば仕事の連絡などですね。ただし、これはお互いの言葉を予測しあっているだけなので、「相手の話を聞いている」状態ではありません。

「相手の話をよく聞きましょう」というと、大抵の人が「当たり前でしょう」と感じると思います。しかし、そのときに考える「よく聞く」は、大抵「上手く予測する」だと認識しているのです。「わかるー!」を連発する人ほどあまりわかっていないことが多いのは、予測することに忙しすぎて相手の言葉をあまり聞いていないからという場合が多いのです。

出来事とは、事実と解釈でできているという話を先に述べましたが、これは言葉に関しても同じです。「どんな言葉をいったか？」という事実と、「その言葉を聞いてどう思ったか？」という解釈が合わさって、「あんなことといわれた！」という出来事ができ上がります。「ただ聞く」というのは、「どんな言葉をいったか？」という事実だけ、言葉だけを聞くということです。通常、言葉を聞いたら反射的にその言葉に対する解釈が浮かんできてしまうものですが、それらを一旦脇に置いて、言葉を「ただ聞く」訓練をしてみましょう。

ただ聞くだけでは相手の気持ちがわからないかもしれません。でも、もしもわからなかったら質問すればいいのです。

伝え方は「ただ伝える」

「ただ聞く」を心掛けるようになったら、次は伝え方の訓練です。「自然で正直」なコミユニケーションに必要な伝え方は、「ただ伝える」です。具体的にいうと、「短く・ハッキリと・遠慮なく伝える」ことです。

「短く・ハッキリと・遠慮なく」は、最も言いたいことがわかりやすく伝わる方法です。もちろんこの場合の主語は「私」です。コミュニケーションにおいて、伝えるのは自分の気持ちや状態ですから主語は当然「私」なのです。主語が自分でないと、その時点で曖昧さや遠慮が出てきます。

相手の反応を気にして、遠回しにくどくど話したり、相手にこちらの気持ちを思い知らせてやろうと必要以上に強い言葉を使ったり、かと思えば遠慮して本当のことをいわなかったり、相手の顔色を窺って無理していい顔をしてみたり……。これらの多くは、よくも悪くも相手をコントロールしたいという気持ちが無意識に現れたものです。コントロールしたい欲は、人間なら誰しもがもっている欲望なのですが、「自然で正直」なコミュニケーションとは真逆になります。

「自然で正直」なコミュニケーションには、「よりよい伝え方」といったテクニックは不要です。相手の気分がよくなるような伝え方をすることは大切です。でも、あなた自身の気分が悪いのにもかかわらず「よりよい伝え方」をした結果、肝心のあなたの本当の気分を相手に伝えられなければ、本末転倒です。

もちろん、どんな場合でも礼節は大切です。意地悪なやり方をしたり感情的になりすぎてしまっては、人間関係を拗らせてしまいます。「自然で正直」とは感情丸出しということではありません。「自然で正直」なコミュニケーションにおいて大切なのは伝えたいことを捻じ曲げないようにして「ただ伝える」ということです。これはコントロールを手放すということでもあります。そうすることで、お互いの本当の気持ちがわかりやすくなるのです。

04 価値判断と罪悪感

コミュニケーションを狂わせるもの

「自然で正直」なコミュニケーションとは「ただ聞き」「ただ伝える」という非常にシンプルなものです。それなのに、なぜこんなにも上手くいかないことが多いのでしょうか。相手のいうことを「ただ聞く」ことができない。自分の伝えたいことを「ただ伝える」ことができない。では何が原因で、どうしてできないのでしょう。

原因の一つは「誤解されたくない」という気持ちです。

相手の話をただ聞いていたら、どうも自分の思っていることと違う気がする。「これはきちんと訂正しなければ！」と考えだした途端、相手の話す言葉そのものよりも訂正箇所のことばかりが気になってきてしまったり。自分の伝えたいことを、短く・ハッキリと・遠慮なく伝えようと思っていても、途中で「なんだか、誤解されてしまうような気がする」と考え出したら、ついつい話が長くなってしまったり。

これは、誰もが経験したことがある感情ではないでしょうか。しかし、実はこの「誤解」がそもそも起きていないというケースも多いです。誤解とは、「事実の認識が間違っていた、思い違いをしていた」という状態であり、「事実の解釈が自分とは違う」ということではないからです。

「リンゴだと思っていたらトマトだった」というのが誤解であり、「そのトマトはリンゴのような味だと感じた」というのは単なる感じ方の違いです。

相手の感じ方や解釈を誤解だと考えて、相手の考え方を変えようとするのはコントロールです。「私の話を聞いて、相手にこんなふうに思って欲しい」という希望はあるでしょうし、その希望を叶えるためにコツコツと努力を重ねること自体は素晴らしいことです。だからといって、相手の感じ方や解釈を否定してもいいということではありません。

「誤解のない」コミュニケーションをとろうとするあまり「不自然で正直とはいえない」コミュニケーションになってしまう事例は世間にあふれています。

ビジネスや刹那的な人間関係などなら、むしろそのほうが短期的に得るものが多くなるかもしれません。しかし、結婚という近い距離で長期的な関係を育む場合は「自然で正直」なコミュニケーションしかないのです。

「ただ聞く」「ただ伝える」ができないまま何年も結婚生活を共にした結果、夫のことがまったく信用できなくなってしまったという妻からのご相談は後を絶ちません。人と人とを繋ぐ「自然で正直」なコミュニケーション能力をしっかり磨くことは、信頼関係を築くために重要なのです。

価値判断と罪悪感

「自然で正直」なコミュニケーションを阻むのは「コントロールしたい！」という欲求です。「誤解されたくない！」というのも「(自分が思う自分を) 誤解されたくない！」ということですから、ある意味コントロールしたいという欲求になります。

ではこれらの「コントロールしたい欲求」はどこから生まれてくるのでしょうか。コントロールしたい欲求は「こうでなければならない」という考えを起点としています。そしてその思いの多くは、価値判断と罪悪感から生まれているのです。

価値判断とは文字通り「物事の価値の判断をすること」です。価値の判断方法は様々ありますが、何らかのルールに則り正式評価が決められたものではない場合、自分の今までの体験や学びを元に、なんとなく判断している場合が多いです。価値判断は家庭や環境などにも影響されることが多いですが、その価値判断をあまりにも当たり前に認識していると、自分が価値判断していることにさえ気がつくことができません。大多数の人が当たり前に認識している価値判断は「それが常識であり普通である」と認識され様々な事柄に影響を与えるようになっていきます。

この価値判断を元にして「ダメだ」と判断した場合に罪悪感が生まれます。ダメなことをした「罪の意識」を持ってしまうということです。当然ながら価値判断において悪い評価をされたり、そのことについて罪悪感を持つことは心地いいことではありません。ですから人は皆価値判断においてはいい評価をされたいと願い、罪悪感を感じたくないと思うわけです。これらの願いが強くなればなるほどコントロールしたい欲求は高まり、「自然で正直」なコミュニケーションをとることは難しくなってしまいます。

「自然で正直」なコミュニケーションをしようとコントロールを手放してしまえば、価値判断において悪い評価をされるかもしれないし、その結果罪悪感を感じなければならないかもしれません。でもコントロールしようとするのであれば、「自然で正直」にはなりえません。これは一つ一つ仕組みを理解し意識的に認識していればコントロールをしようとしたときに気がつくことができますが、ほとんどの場合無意識のまま瞬間的に発動することが多いのです。

ちなみに問題のすりかえのときに現れる「自分を責める何か」とはこの罪悪感のことです。罪悪感や価値判断をすべてなくしてしまうことはできませんし（もしもそんなことをしたらまた別の問題が起きてしまうので）なくすことを勧めたりはいたしませんが、それらが「自分の心の中にあるのだ」ということだけは覚えておいたほうがいいでしょう。「自然で正直」なコミュニケーションを身につけるうえでの一番難しいポイントはこの「自分の心の中の価値判断と罪悪感」に気がつくことなのです。

05 自分の本当に欲しいものを知る

何のためにコミュニケーションをとるのか？

コミュニケーションは目的により変化します。ですから自分が何のためにどのようなコミュニケーションをとるのかを考えてコミュニケーションをするのが大事になってきます。

「相手の考えていることを知りたいから、コミュニケーションをとりたい」と思うのであれば、「自然で正直」なコミュニケーションは非常に有効な手段です。

相手のいうことを「ただ聞く」と、相手は伸び伸びといいたいことをいえます。自分の伝えたいことをシンプルに「ただ伝える」ことを心掛けたら、相手に気を遣わせることが減ります。たまに相手に気を遣わせまいという思いから、自分の伝えたいことを我慢してしまう人もいますが、それは逆効果です。我慢しているつもりでも、うっすらとその我慢は伝わっています。余程鈍感な相手でもない限り、その我慢に対して気を遣わせることになるでしょう。

「自然で正直」なコミュニケーションは、相手の考えていることがわかり、同時に自分の考えていることも相手にわかりやすく伝わります。「夫と意思の疎通ができない」という悩みがあるのなら、「自然で正直」なコミュニケーションは大いに役立つということです。

しかし「自然で正直」なコミュニケーションをとれば「すべてが上手くいく」というわけではありません。もしもあなたがコミュニケーションを使って何らかの主張を通したいと考えているのであれば、「自然で正直」なコミュニケーションはあまり役に立ちません。なぜなら、「自然で正直」なコミュニケーションはコントロールを手放すコミュニケーションだからです。自分の主張を通すために相手をコントロールしたいのであれば、それ相応のやり方があるということです。

結婚生活において「話し合い」があまり役に立たないのは、「話し合い」がある意味交渉に近いものだからです。

もちろんそれぞれにどうしても通したい主張がある中で、あなたの主張を通すこと自体は問題ありません。問題は自分の主張を通すために相手をコントロールしたうえで、さらに相手に機嫌よくいることを強要することです。

相手から見たら「自分の意見はことごとく却下され、そのことで少しでも不機嫌そうにしようものならさらに攻撃される」という状態です。さらに、不機嫌を見せないようにしていると、今度は「無表情で何を考えているのかわからない」といわれるとしたらどうでしょう。これは、さすがに理不尽です。

特に女性は相手の機嫌を気にする人が多いので、自身もニコニコと愛想よくしている人が多いです。自分がそうなのはよいのですが、機嫌よくいることを相手に強要するのはいただけません。相手が心地良くいられているかを気にするのと、相手に機嫌良くいることを強要するのとは、天と地ほどに違うことなのです。

優先させるべきはなにか?

コミュニケーションにおいてまず考えるべきことは、「自分と相手の間で何を優先させるのか?」です。自分の主張を通したいときと、相手の本音を知って仲良くなりたいときのコミュニケーションの方法は違います。その違いをわかっていなければ、必要なコミュニケーションが見えてきません。

結婚生活において、自分が何を大切にしてコミュニケーションをするのかを知ることはとても大切なことです。これは何も大きな問題だけの話ではありません。結婚生活の些細な事柄においても、「ここで主張を通すのか、それともお互いの本音を大切にするのか」という目には見えない選択肢が隠されています。コミュニケーションの選択とは、お皿一枚下げるか下げないかにも関わってくるものなのです。

こんな話しをすると、面倒に感じて、当たり障りがないコミュニケーションに逃げたくなってしまう人も多いかもしれません。しかし、結婚生活において当たり障りがないコミュニケーションの方法などは存在しません。

これが近い距離感で長期的に対等な大人同士の関係性を結ぶという結婚生活の、非常に難しいところなのです。遠い距離感の相手と短期的に付き合う分には当たり障りがないコミュニケーションをとることも難しくはないでしょう。相手のいいそうなことを素早く察して、相手が喜びそうなことをテンポよくいうという繰り返しのリズム運動を行えばいいのです。この方法は自分の気持ちをまったく考慮していないので、長期的に続けると自分の心に負荷がかかり、いつか爆発する可能性も高いコミュニケーションですが、短期的には使えます。

「夫をコントロールしない」ことは「夫のいいなりになって波風を立てない」ということではありません。自分が感じたことや伝えたいことがあるのなら、（相手の反応を期待せずに）伝えましょう。伝えないことによって相手の機嫌をコントロールしようとしてはいけません。伝えた結果、怒るのは相手の自由です。怒った相手のそばにいるのが嫌だとあなたが感じるのもまた自由です。

このようにして、「自然で正直」なコミュニケーションをとっていくことで、本当の自分の気持ちと相手の気持ちがだんだん見えるようになるでしょう。

06 新たなコミュニケーション能力を手に入れる

身につけるべきは自然なコミュニケーション

「自然で正直」なコミュニケーション能力を身につけると、お互いに自分らしく自然にいることが可能になりますし、結婚生活において重要な「お互いの意思の疎通」と「信頼関係」を手に入れられる可能性が高まります。

繰り返しになりますが、「自然で正直」なコミュニケーションとは、「ただ聞く」「ただ伝える」ことです。

相手の気持ちを探るよりも、相手のいっていることをきちんと聞く。

伝え方をあれこれ悩むよりも、正直な気持ちをわかりやすく伝える。

ものすごく単純でシンプルなことですが「自然で正直」なコミュニケーションとはこの積み重ねであり、積み重ねの結果、お互いを信頼できるようになるのです。人は自分のいっていることをまともに聞いてくれない人を信頼することはできません。正直な気持ちを隠す人のことは、信用できないのです。

相手にとっての本当の幸せとは何かを知る方法がたった一つあります。それは相手に教えてもらうことです。「自然で正直」なコミュニケーションの積み重ねによってお互いを信頼できていた場合、相手は本当のことを教えてくれるでしょう。そして、そんな相手にならあなたも、自分の本当の気持ちを伝えることができるようになるでしょう。

諦めない。決めつけない。

「自然で正直」なコミュニケーション能力を身につけたいなら「諦めない」ことと「決め

つけない」ことが大切です。そのために諦めや決めつけの奥にある自分の価値判断や罪悪感について常に意識的になっておきましょう。

「こんな当たり前のこともわからないの！」といいたくなるとき、その「当たり前」は、実際に言語化するとどういうことで、なぜそれが自分にとって当たり前になったのかというところまで考えてみてください。これを考えると、その奥にある自身の価値判断や罪悪感を知ることになり、自分を知ることにつながります。

価値判断や罪悪感はなくそうとしても簡単になくなるようなものではありません。価値判断や罪悪感は、これまでのあなたの人生を支え、自分を守ってくれたものでもあるからです。やみくもになくそうとするのではなく、自分の中の価値判断と罪悪感に意識的になりましょう。意識的にさえなれば、無意識のうちに価値判断からの様々な「決めつけ」をすることも少なくなります。知らず知らずのうちに価値判断からの罪悪感を感じて自分に罰を与えるかのように様々なことを「諦める」ことも少なくなるでしょう。

価値判断と罪悪感からくる「決めつけ」と「諦め」。そしてそこからくるコントロールを手放した先には、自然で自由なコミュニケーションが広がっています。

これまで確認してきた「関係のバランス」「問題のすりかえ」について夫と話すときにも「自然で正直」なコミュニケーションを使いましょう。夫の話を「ただ聞き」自分の考えたこと伝えたいことを「ただ伝える」のです。

今までとってきたコミュニケーションの中にコントロールの要素が多ければ多いほど、「自然で正直」なコミュニケーションをとるのは難しく感じるかもしれません。けれど、「自分にはダメだ」と決めつけたり諦めたりしないで、是非とも挑戦してみてください。自分の気持ちを正直に伝えられるようになればなるほどコミュニケーションがスムーズになることに、あなたは驚くかもしれません。

第6章

自分の理想はどこにある?

01 続けるも別れるも問題はある

離婚するのもしないのも

熟年離婚を考えているあなたに確認して欲しい3つのこととして「関係性のバランス」「問題のすりかえ」「コミュニケーションの問題」についてお伝えしてきました。

「関係性のバランス」について知ることは、結婚の構造と自分にとっての結婚の意義を確認することに繋がります。

「問題のすりかえ」を確認することは、自分を縛っている（と感じている）ものが本当に結婚であり目の前にいる夫なのかを考えるキッカケになります。

そして「コミュニケーションの問題」を改善しようとすることは、夫婦間での意思疎通を改善させる可能性があります。

本書では一貫して、あなたの本当の目的は離婚ではなく「自分が幸せになること」だとお伝えしてきました。これまで確認していただいた「3つのこと」はあなたが幸せになるために必要な3つの要素でもあります。

結婚生活を続けても、離婚しても、どちらにも問題はあります。人生の選択はたいていどの道を選んでもプラスとマイナス、メリットとデメリットが同じようにあるからです。人生には正解・不正解などはありません。人生とは宝探しのようなものです。とはいえ、宝探しの目標は「宝を手に入れること（プラスを手に入れること）」ではありません。宝を手に入れること（プラスを手に入れること）は同時に宝を失う可能性（プラスを失う可能性）をも手に入れることだったりするからです（プラスマイナスイコールゼロ）。もしも人生に法則があるとしたら、この「プラスマイナスイコールゼロ」で成り立っているのかもしれません。

ではなぜ、人はそれでも宝を探すのでしょうか？

それは、宝探しの本当の醍醐味は「宝を探すこと」そのものを「楽しむこと」だからです。

3つの確認をした後は、自分にとってどんなメリットが嬉しくて幸せなのかということと、それに伴うどんなデメリットであれば我慢できるのかについて考えていきましょう。

自分の本当の幸せには「いったい何が必要で何が足りていないのか？」ということを掘り下げ、自分に必要なものをしっかり選択していくのです。

選択には責任が伴います。慣れないうちはそれが怖いことのように感じるかもしれません。しかし時は待ってはくれません。たとえ、あなたが意識的に選択していないと感じていたとしても「（意識的に）選択しない」という選択をしてしまっているのです。そしてその結果は、選択しなかった（ように感じる）結果になることでしょう。

意識的に選択をしないという選択の結果、思い通りにはならない。というのは自然の流れです。今こそ勇気とやる気を出して、自分の人生の幸せについて本気で考えてみましょう。

人生においての正解とは

人生の正解がハッキリと「これだ！」と示されているのなら話は簡単なのですが、残念ながら、人生の正解は自分で決めるしかありません。

自分にとって何が重要で、そのために何を乗り越えていくのか？

自分が選んだ人生が、はたして自分にとって正解だったのか？

これを決めることができるのは、自分しかいないのです。そのためには自分の心としっかり向き合わなければなりません。誰かのせいにしている限り、人生は自分の思い通りにはなりません。誰かが起こす問題ばかりにフォーカスしている場合ではないということです。たとえそれが、自分にとって一番身近な夫だとしてもです。

自分を主語にして生きることは「自分を幸せにする」ための第一歩です。

自分は何が好きで、どうなりたいのか、何が嫌いでどうされたら嫌なのか。これらのことを自分でわかっていないのに、自分を幸せにしてくれそうな人を探そうとしても見つかるわけがありません。

願い事をするときは、自分が願いをわかっていなければなりません。自分の幸せや望みを雑に扱ったままで誰かに丁重に扱ってもらうのは難しいことです。

「私の願いを叶えてください。その願いが何かはわかりませんけど。なんかこう……いい感じにお願いします！」というお願いをされたら、神様ですら困ってしまいます。

人にはそれぞれ個性があります。一般的に見て幸せそうに思えることも、本人的には苦しみを感じている場合もあります。また、一般的には苦しそうに思えることも、本人的にはそれほど大したことではないという場合もあります。

「自分を幸せにする」ためには自分のことをよく知る必要があります。しかし、長年の結婚生活において家族に合わせてばかりいたような人は、いざ自分のことを考えようとしても何も思い浮かびません。

次節から、自分のことを知るための方法をお伝えしていきます。これまでの人生で、自分のことばかり考えてきた、という人はほとんどいないでしょう。でも、自分を幸せにするための投資だと思って、今後は1日のうちのほんのわずかな時間でもいいから試してみてください。

自分を知っていくことで、これからの人生をどのように生きていきたいのかも見えてくるようになるでしょう。

02 これからどんなふうに生きていきたいか？

なりたいイメージを視覚化してみよう

自分がこれからどんなふうに生きていきたいかを視覚化してみましょう。

まずはお気に入りのノートを一冊手に入れましょう。大きさや形などに決りはありませんが、中に写真や切り抜きを貼り付けるので、しっかりとした紙でできている少し大きめのノートがおすすめです。手にとるだけでちょっと嬉しくなるようなノートだとよりいいでしょう。

ノートが準備できたら、次に雑誌やチラシなどを用意しましょう。それらを眺めて自分がピンとくるもの、素敵だなと思うもの、好きな人や憧れるもの、印象的な風景などを自由に切り抜いてください。写真や絵だけではなく、心に響くフレーズなども切り抜いて構いません。とにかく、少しでもいいなと感じるものは切り抜いていきます。

これを続けていくと、日頃から自分の好きなものに対するアンテナが立つようになってきます。雑誌やチラシをさっと見ただけでも、自分の好きなものがわかるようになってくるのです。

切り抜きがある程度たまったら、ノートに貼っていきましょう。得意な人はちょっとしたイラストを描いたり、感じたことをコメントしておくのもいいでしょう。雑誌の編集者になった気分で、後で見返したとき嬉しくなるようなノートにしてください。でき上がったノートは、何度も眺めてみます。時間と共にページのテイストが変わることもあるかもしれませんし、あまり変わることなく「やっぱり自分はこれが好きなんだなぁ」と改めて感じるかもしれません。どちらにせよそこには、自分がいいと思ったものが並んでいる状態です。これは「ビジョンボード」と呼ばれる手法と似ている手法で、「イメージを視覚化することで潜在意識に働きかける方法」の一つです。

「ビジョンボード」の場合は、切り抜きは壁などの常に自分の目に入るところに置くのですが、この場合はノートに切り抜きを貼っていきます。その理由は、熟年離婚を考えている方の場合、中には夫の目に触れさせてはならないイメージ写真があるかもしれないからです。密やかにこっそりと、ノートの中で自分の夢を視覚化していきましょう。

このノートを作る中で、あなたは雑誌やチラシを見てイメージを広げ、それを選択し切り取るという決断をし、ノートにコラージュしていくことで情報を整理していく……という工程を行っているのです。頭の中だけで考えるより実際に写真を見て手を動かすことで、よりリアルになりたい自分や今後の人生をイメージできるようになります。

イメージできないときは

「ノートを作ろうと雑誌やチラシを切り抜こうとしても、イメージがわかず切り抜いている手が止まってしまう……」という人もいるかもしれません。その場合は、自分の頭の中にある「無理」や「無駄」というフレーズをいったん忘れるようにしてみましょう。

「どんなふうに生きていきたいか？」を考えるとき、「現時点の自分」の基準で考えてはいけません。人はギャップを嫌う生き物なので、「こうなりたいな」と思うものが「自分には到底無理そうだ」と感じた場合、そのギャップからくる心理的負荷を避けるために「こうなりたいな」を無意識のうちになかったことにしてしまいやすいのです。

「どうせ私には無理」と感じて、「考えるだけ無駄」となってしまうということです。この「無理」や「無駄」の方に寄ってしまうと、結果的に現状を（選択する意識もないままに）選択し続けてしまいやすいので注意してください。

「無理」や「無駄」と考えて手が止まってしまったら、「とりあえずやる」しかありません。やる気になってからやろうと思ってしまいがちですが、大抵の場合一向にやる気は出てきません。やる気とは、自然に出てくるものではなくやっているうちに出てくるものなのです。手を使うことは、頭の中の「無理」や「無駄」などの思考を凌駕します。頭の中の出来事より、実際にやっていることのほうが情報としては強いということです。

ですから、あまり堅苦しく考えずに「イメージするだけならタダだし！」くらいの軽い気持ちでトライしてみてください。おそらくやりはじめたばかりの頃はあなた自身のイメージというよりは、世の中的に素敵だといわれるイメージに引っ張られると思います。しかし、何度もやっていくうちに「これは本当に好きだなぁ」「こうなれたらいいなぁ」と感じるようなイメージが見えてきます。逆にいうと、そこまでいかないうちは、どんなに突飛で実現不可能だと思われるような事柄を切り抜いてコラージュしたとしても、まったくかまいません。自分が子供だった頃のことを思い出して、気軽に自由に挑戦してみてください。この作業が楽しみに変わってきた頃には、あなたが自分の人生について考える準備もそろそろできてくることでしょう。

03 イメージの実現に必要なものとは

イメージを現実化する準備をしよう

ノート作りが進み、自分にとって叶えたい夢やなりたい自分のイメージがハッキリとしてきたら、そのイメージを現実化させるための準備をはじめましょう。当たり前ですが、イメージしているだけでは夢は現実化しません。ふわふわしたイメージを現実へと落とし込んでいく作業が必要です。

この作業は少々億劫に感じるかもしれませんが、望んだイメージを現実に落とし込む作業自体がもう、既にイメージを叶える作業の一環なのです。「イメージを現実へと落とし込む」とはどういうことでしょうか。方法は色々とありますが、ここでは自分一人でできる、比較的無理のない方法をお伝えしておきます。

まずはイメージしたものについての情報を集めましょう。憧れの人物ならばその人に関する情報を、なりたい仕事ならばその仕事に関する情報をというようにイメージを起点として、それにまつわる具体的な情報を可能な限りたくさん集めていくのです。

このとき、集める情報はできるだけ多くの情報且つ、できるだけ具体的な情報が望ましいです。たとえばなりたい職業にまつわる情報なら、必要な資格や資格を習得するまでにかかる時間、金額なども調べましょう。

このようにたくさんの具体的な情報を集めだすと、気分はグッと重たくなります。この重さを嫌う人も多いのですが、この重さの正体は「現実の重み」です。これを感じるということは、ふわふわと軽やかなイメージの世界から現実的でより具体的な世界へと移行しているという合図なのです。

情報がある程度集まったら、今度はその情報を「今すぐできること」「今すぐにはできないこと」に分けていきます。

「今すぐできること」に入っている項目は、具体的にいつからどのように進めていくかを考えます。「今すぐにはできないこと」に入っている項目は、この中でさらに具体的な分類をしていきます。夢を叶えるために「何らかのものを手に入れる必要がある」が今はまだ手に入れることが難しいのであれば、さらに細かく手に入れる方法について考えましょう。その中に「今すぐできること」があるならそれも、「いつからどのように進めていくか？」と考えます。

現実に落とし込むポイントは、具体的な情報をなるべく多く知ることです。それは多くの夢を叶える道筋を見つけることと同じなので、自分にとってやりやすいところから一歩ずつでも歩きはじめることが大事です。現実化は、なかなか地道な作業ですが、一歩ずつ確実に進んでいきましょう。

イメージと現実的な準備は両方必要

現実に落とし込む作業は、かなりシビアな作業です。想像するだけはタダですが、現実化するとなると、お金のこと・仕事のこと・家族のこと・自分の体力のこと・周囲の人との兼ね合いなどなど厳しい現実が見えてきます。何を変えて、何を変えないのか？　何を捨て、何を手に入れるのか？　これらを1つずつじっくり考える必要があります。

「これからどんなふうに生きていくのか？」をイメージしてくださいというと、「何か大きなことをしなければならない」と考える人もいますが、そうではありません。

どうすれば「自分を幸せにする」ことができるのか、何が一番自分にとって無理がないのかを考えるのが、本来最も大切なことです。

人生の折り返し地点がそろそろ見えてくる年代であれば、若いころのようにイメージだけで突っ走るのは危険です。現実的な計画を立てながら、自分を幸せにするにはどうすればいいかについてじっくり考えていきましょう。

たまにものすごく大きな目標を立てて、いきなり爆走しはじめる方もいらっしゃいますが、あまりに急激な変化はそれに比例して周囲の反発も大きくなります。周囲の反発を避けたいのであれば、周りの人に安心感を持ってもらうためにも、ゆっくり落ち着いてじわじわと進めるほうがよいでしょう。

また、何が何でも大きなことを成し遂げたいという人は、その成し遂げたいことが本当の望みではなく、すりかえられたダミーの望みの可能性もあります。

そこに隠されているのは「見返してやりたい！」という思いではありませんか？

もしそうであれば、主体性という観点から見ると問題です。あなたの人生はあなたのものであって、誰かに見せつけるためのものではありません。相手から「凄いね！」といわれたところでスッキリするのはほんの一瞬です。あくまでも自分にとっての幸せについてを考えていきましょう。

熟年離婚を考えている状態だと、どんなにイメージをしてもどんなに具体的な計画を立てても、すべてが無駄なような気がしてしまうかもしれません。その場合は「離婚してスッキリしている自分」を軸にイメージを広げたり、具体的な道筋を考えてみたりしてみましょう。

とはいえ、それはまだまだ本来のイメージの実現化ではありません。離婚後の幸せなイメージがわかないうちは、まだ離婚を実行するには時期尚早なのかもしれません。

04 自分の棚卸をしてみよう

自分の棚卸

ある程度なりたい自分のイメージができて、現実化のための準備をはじめたなら、次に行うのは「自分の棚卸」です。これは「今自分が持っているものは何か？」を確認する作業です。イメージを現実化させるためのものを、そもそも自分が持っているのなら現実化するのにより有利ですし、持っていないのだとしたら、それを手に入れる方法も合わせて考えなければなりません。

自分の棚卸をするときも、ノートを使います。今回は自分の能力の出納表を作るようなイメージなので、ここで使うノートはできるだけシンプルなもののほうがいいでしょう。

ノートの見開きの左側には「自分の今持っているもの」、右側には「これから必要になるもの」を書き込んでいきます。「これから必要になるもの」を習得できたり、手に入れた場合は、右側から左側へとその項目を移動させてください。このとき、右側の項目をすっかり消さずに、上から取り消し線などを引いておくと進み具合が目に見えるのでモチベーションが上がります。

自分の棚卸のコツはありのまま書き出すことです。ありのままとは「今の自分」そのものを見るといい換えられます。変に卑下する必要もありませんし、見栄を張る必要もありません。

自分にとっては当たり前すぎてノートに書くほどではないと感じるようなことも細かく書き記しましょう。また、もしも「持っている・できている」と思ったものが、実際やってみると「実はそれほどではなかった」と気づいたとしても、棚卸としてはそれがわかったこと自体が大きな収穫なので気にすることはありません。

棚卸の途中で、離婚して手に入れるものや離婚して失うものに気付いたら、同時に書き記しておくといいでしょう。何らかのマークを入れてわかりやすくしておくのがポイントです。離婚した後が新しい生活の本番なのだとしたら、このことについても考えておかないといけません。でなければ、いざ離婚して新しい生活をはじめたときに自分の持っているものが想像していたものとは全然違ったということにもなりかねません。

人の持ち物は環境や立場によっても大きく変わります。棚卸をすることで「自分」が本当に持っているものは何かをしっかりと把握できるのです。

自分とは何か？

自分の持っているものをノートに書いていくと、次第にあることに気がつきます。それは「自分とは他者との繋がりによって存在しているのだ」ということです。

「自分が持っているもの」は、すべて他者との繋がりから生まれたものだと気がつくでしょう。絶対的に自分のものだと感じる「自分の体」ですら、元を辿っていけば自分だけで作り上げたものではありません。自分が在るためには、自分以外の人との繋がりや関わりが必要不可欠です。その繋がりや関わりには、比較と摩擦が含まれているのです。

ノートに書き出してみることで「自分」という存在を俯瞰して見ることができると、自分の結婚生活についてもまた違った視点で見ることができるようになります。

自分を棚卸する作業は、自分の世界を見ることでもあります。自分の世界には様々な登場人物がいて自分と様々な関わりを持っています。人はこの関わり合いのことを支え合いと呼ぶのかもしれません。もちろん今後、どのような自分の世界を作り、どんな人と支えあっていくかは、あなたが自分で決められます。

05 あなたにとってベストな夫婦関係とは？

何がベストか？　は人によって違う

ここまでで、あなたが熟年離婚を考えるにあたって確認したほうがいいことと、離婚するにしてもしないにしても今後どのように生きていくのかということについて一緒に考えてきました。ここではそれらを踏まえたうえでもう一度、あなたにとって、どのような夫婦関係がベストなのかについて考えていきたいと思います。

当たり前ですが、ベストな夫婦関係は人によって違います。結婚を支える3つの関係性でもお伝えしましたが、「男女の関係性」「家族の関係性」「社会的関係性」のどれを重視して結婚生活を送りたいかや、どんなふうに生きていきたいのか、それに伴い必要なものは何か、などは人によりまったく違います。

そして、夫にあたる人も皆それぞれ違います。違う考えを持つ者同士が、近い距離感で対等に（でもそれぞれ譲り合いながら）調和をすることで長期的に関係性を維持していくのが結婚生活であり、夫婦関係です。基本的に夫婦関係のお手本はありません。誰かにとって心地いい関係も、それが自分にとっても心地いいかどうかはわからないのです。

夫婦関係について友人などに相談してもしっくりこないのはこのためです。友人には友人の理想の夫婦関係があり、相談に答えるときにはどうしてもその友人にとっての心地良さがベースになってしまうからです。「男女の関係性」を重視している人が「家族の関係性」を重視している人の相談を受けたとしても、悩みそのものがピンと来ない可能性もあるのです。自分にとってベストな夫婦関係を知るためには、一度しっかりと自分自身と向き合うほかありません。自分が何を欲し、どのようなことなら譲ることができるのか。またどんなメリットが必要で、どのようなデメリットであれば平気なのか。今後生きていくためにどうしても必要不可欠な要素はどんな要素か。これらのことをしっかり考えていくうちに、自分にとってどのような夫婦関係がベストなのか少しずつ見えてくるでしょう。

たとえベストを目指しても……

自分がどの関係性を重視していて、今後どんなふうに生きていきたいかなどをしっかりと確認して、自分にとってどんな夫婦関係がベストなのかを見つけ出し、パートナーと「自然で正直」なコミュニケーションをはかって、自分にとってベストといえる夫婦関係を構築できたとしても……そこにもやっぱりメリットとデメリットはあります。

お互いを思いやって気遣いをしあったとしても、その分お互いが無理をしやすくなる可能性は上がってしまいます。社会的な関係性をベースにし、お互いに気を使わない自立した関係性を作ったとしても、たまには寂しくなることもあるでしょう。究極の話をすれば、何の問題もなくお互い常に離れがたいほどの素晴らしいベストパートナーになったとしても、いつかはどちらかの死という別れが訪れます。このように、どんな夫婦関係を選んだとしてもメリットデメリットはどちらもあるのです。

メリットデメリットがあるのは、離婚して独身になっても同じことです。一人の気ままさや自由さがある分、誰にも頼ることができないというシビアさを受け入れなければならないし、金銭的に誰に遠慮することもなくなる代わりに自分で必要な分は自分で稼がなければならない心理的負担もあります。新しい誰かと出会える可能性もありますが、パートナーが欲しいと思ってもこの先一生見つからないという可能性もあります。つまり、すべての出来事においてメリットとデメリットは表裏一体なのです。

自分が思うベストな夫婦関係を、今の夫と試してみるというのも一つの方法です。そのことについて、「自然で正直」なコミュニケーションを使って率直に夫と話し合ってみるのもいいかもしれません。もともと熟年離婚を考えている相手なのですから、「ダメ元」でチャレンジしてみるのもよいと思います。

06 自分の気持ちに素直になってみる

望みには2種類ある

ここまで「これからどんなふうに生きていきたいか？」や「自分にとってベストな夫婦関係とは？」などの問いの中で、自分を幸せにするための「望み」を考えてきました。しかし、ここで少々注意していただきたいことがあります。一言に「望み」といっても、望みには大きく分けて2種類の望みがあるのです。

2種類の望みとは「表の望み」と「裏の望み」です。

表の望みとは一般的に想像される「○○したい！」「■■になりたい！」という目標のよ

うなものです。多くの人は「望み」を考えた場合、この「表の望み」について考えます。
一方、裏の望みは表の望みに隠された、その名の通り「裏の望み」です。裏の望みとは「○○したい！　けれどそのための●●はしたくない」という表の望みを叶えるにあたって起きる抵抗のような望みで、表の望みに拮抗した存在になります。

「ダイエットしてスタイルよくなりたい！」が表の望みなら、「ダイエットしてスタイルよくなりたい！　でも美味しいものは我慢せずに食べたい」の「美味しいものは我慢せずに食べたい」という部分が裏の望みです。

望みを叶えるには、裏の望みの扱い方がキーポイントになります。つまり、いかに裏の望みの抵抗を弱めて表の望みと調和させていくかということです。
しかし、自分が裏の望みを持っていること自体に気がつかない人も多くいます。それどころか、裏の望みを無意識のうちに自分自身に禁じている場合もあります。実はこれが結構危険な考えなのです。

普通に考えると、表の望みを叶えたいなら裏の望みなんてない方がいいと思うでしょう。表の望みに拮抗する存在である裏の望みは、ない方が効率的に感じます。心理学やスピリチュアルでも、裏の望みは表の望みを邪魔して葛藤を起こす存在で、「心理ブロック」と呼ばれていたりして、ちょっぴり嫌われています。しかし、すべての選択にメリットデメリットがあるのと同じように、望みにも表裏があるからこそバランスが取れているところもあるのです。

表だろうと裏だろうと、望みは望みです。裏の望みを無意識のうちに自分に禁じていると調和を欠き、歪みが生まれます。その歪みはいつか何らかの結果として現れることになるのです。ですから、自分の裏の望みにも目を向けてあげましょう。

成長過程の若者なら表の望みにまっしぐらでも健全かもしれませんが、落ち着いた年代の大人になった今なら、表裏両方の望みを調和させてもいいと思います。目標をがむしゃらに達成しようとするのではなく、自分にとっての居心地のよさを多少は優先してあげてもいいのではないでしょうか。

格好つける必要はない

夫婦関係は、表の望みだけでなんとかなるものではありません。夫婦関係は人によっては50年以上も続きます。目標を掲げるだけで、そんな長い時間を平和的に上手く過ごせるなんてことはあり得ないのです。

私は、表の望みだけを見続け、裏の望みを踏みつけ続けた結果、心が悲鳴を上げてしまった女性を何人も知っています。結婚生活は気合や根性だけではどうにもなりません。50年間もお互いにいい顔だけをし続けることは無理なのです。

ですから、自分の裏の望みもしっかりと見てあげましょう。そして格好つけることなく「自然で正直」なコミュニケーションを使って、あなたの望みを夫に伝えてみましょう。そのうえで離婚したほうが断然幸せだと結論が出たなら、離婚を進めていけばいいだけです。

離婚とは「自分が幸せになるため」にするものですから。

表の望みが「離婚してスッキリしたい！」だとしても、そこに裏の望みは隠れていませんか？　もしも裏の望みが「離婚してスッキリしたい！」けど「一人で生きていくのはちょっとなぁ」なのだとしたら、どちらの望みももう少し細かく考えていく必要があります。

離婚してスッキリのスッキリとは何を指しているのか？
家事をしたくないのか？
時間的自由が欲しいのか？
空間的自由が欲しいのか？
一人で生きていくにあたって何が困難なのか？
それを解決する方法はあるのか？
……などなど、自分に正直に格好つけずに、しっかりと考えてみましょう。

誰にどう思われるかということよりも「自分がどうしたら幸せなのか」「自分にとって楽なのはどのような状態か」ということを優先的に考えてください。

誰もあなたの人生を変わって生きてはくれません。誰かに素敵だといわれることよりも、自分自身が幸せだと思えることのほうが１００倍大切です。

人生において大きな決断をすることだけがすごいことではありません。

たとえ小さな決断だとしても、その決断のためにどれだけ自分と向き合ってどれだけ自分のことについてしっかりと考えることができたのかということ、そしてそんな自分自身に心からＯＫを出すことができること、それが何よりも大切です。

第7章

自分の人生を
見つめる
勇気を持とう

01 理想に翻弄されないで

理想と現実

「自分にとってベストな夫婦関係を知ること」と「理想の夫婦関係を追い求めること」は違います。混同してしまっている人も多いのですが、まったく別ものです。

芸能人や有名人、またあなたの友人や知人の中にも「理想的な夫婦だな」と感じる夫婦はいるかもしれません。でもそれは、あなたがその夫婦のほんの一部分だけを見て理想的だと感じただけです。

人間は誰しも外向きの顔があります。夫婦生活が上手くいっているように見えていたのに、突然離婚する夫婦なんて本当にたくさんいるのです。もちろん「離婚が悪い」ということではありません。私がここで言いたいのは、たとえ離婚するほど夫婦仲が上手くいっていないとしても、それを世間に公表するような人はいないということです。だから、理想の夫婦関係に憧れることがあっても、理想の夫婦関係を追い求めようとするのはやめましょう。あなたが必死で追い求めているものは、ただの蜃気楼かもしれません。

夫婦関係はお互い違う人間が時にぶつかり合い、時に譲り合い、長い時間をかけながらコミュニケーションをとり育んでいくものです。夫婦関係のカタチには正解も不正解もありません。それぞれの夫婦が独自に育ててきた関係性は、夫婦ごとにまったく違った関係性であり、そこには誰もが納得する理想のカタチはありません。

自分を幸せにするとは、自分なりの正解を見つけることともいえます。自分と向き合い、自分なりのベストな夫婦関係が見えたとき、自分なりのベストに向かって行動を起こしていけばいいのです。その行動とは今の夫と離れることかもしれませんし、ダメ元で今の夫と話し合うということかもしれません。どちらにしても世間的な理想に惑わされることなく、「自分を幸せにする」という視点だけは忘れないようにしましょう。

ＳＮＳについて

現代は、他人の夫婦関係をＳＮＳから知ることが多くなっています。一昔前なら友人の夫が友人に何をプレゼントしたのかや、外食に何回連れて行ってもらっているか、週末はどのように過ごしているのかなどということは、（友人が話さない限り）知りようがなかったものです。私生活について大っぴらに語るのはせいぜい芸能人くらいのものでした。それだって見るほうは「芸能人だから（自分とは違う）」と自分とは一線を引いてその情報を見るのが当たり前だったのです。

しかし現在は、ＳＮＳで自分と似たような人達が様々な情報を流しています。楽しそうな写真や、素敵なプレゼントの写真、夫婦でのお出かけのお知らせや、家族イベントについての投稿などなど。ＳＮＳを積極的に使う人達はいわゆる「映え」る投稿を欠かしません。様々な情報は基本的に「誰かに見られること」を前提に発信されているので、いいところや日々の楽しかったことを投稿してしまうのは当たり前ともいえます。

ＳＮＳとの向き合い方は個人の自由ですが、情報を受け取るときには少々注意が必要です。人は部分的にいい感じの情報を受け取ると、見えないところは「さらによく」想像してしまいやすいという特徴があります。そのような繰り返しをした結果、本当はどこにもいない「幻の理想の夫婦像」が生まれるわけです。

ＳＮＳの投稿のすべてを意地悪な目で見る必要はありませんが、そこには上げていなくても「日常生活では皆それぞれ色々あるんだろうな」くらいのことは頭に入れておいたほうがいいかもしれません。他人のＳＮＳを見て一喜一憂しても、そこには自分を幸せにするヒントはありません。それはファンタジーのようなものです。自分を幸せにするヒントは何を見たかではなく、それを見て何を感じたかです。誰かの素敵な写真を見て心動かされたのだとしたら、自分はその写真の何をいいと思ったのかを考えてみましょう。それを考えずに、誰かの幸せと自分の不幸を比べてはいけません。そもそも部分的な情報なのですから、比較のしようがありません。情報に踊らされるのかそれを上手く使うのかは自分の選択次第です。上手に向き合ってください。

02 夫婦のことは傍からはわからない

夫婦の数だけ夫婦関係はある

夫婦の本当の関係性は傍から見ていてもわかりません。どんなに仲がよさそうな夫婦でもどんなに幸せそうな夫婦でも、その夫婦なりの悩みや不満はあるでしょう。他人からは見えないところで我慢していることだってあるはずです。

もしその夫婦の間ではお互いに対して悩みや不満がなかったとしても、それはその二人の間だからなのであって、別の誰かが取って代わったとしたらまったく我慢の範疇を超えているということだってありえます。

何をベストだと感じ何を譲れないと思うかは、一人一人で皆違うのです。夫婦はその違いをお互いにすり合わせることで成り立っています。どこかに素晴らしく完璧なパートナーがいて、そのパートナーを探し当てない限り幸せになれないということではなく、お互いにどこまで気持ちをすり合わせていくことが可能かでパートナーとしての相性の良し悪しが変わってくるということです。

今の夫とはどこをどうすり合わせようともさっぱり上手くいく気がしないのであれば、お別れするのが二人にとって幸せということになります。それはそれで致し方ありませんが、この機会に自分にとって何が大切でどんなことなら相手に譲れるのかを、一度話し合ってもよいと思います。

パートナーが自分の話を熱心に聞いてくれるのと、自分の一人の時間を尊重してくれるのとではどちらが（自分にとっては）嬉しいのか？

経済的なことはパートナーに任せてしまいたいのか、それとも自分もしっかり関わりたいのか？

家事については自分に任せて欲しいのか、しっかり分担したいのか？

などなど、すり合わせる項目はたくさんあります。これらを確認することは、（もしも離婚後に再婚を望むのであれば）今後の自分のパートナー探しの条件をハッキリさせるのにも役立つでしょう。

残念ながら、すべての条件を満たしたパーフェクトなパートナーはこの世界にはいません。しかしあなたが自分自身の希望や譲れないものをしっかり認識することができて、それを上手く伝える「自然で正直」なコミュニケーション能力を手に入れたのなら、パーフェクトとまではいかなくても自分らしい幸せを感じる夫婦関係が手に入ることでしょう。

どんな夫婦でもその夫婦なりの、メリットとデメリットを抱えています。夫婦関係において、いいとこ取りはできません。プラスマイナスゼロとわかっていてもなお、共に生きると決めるのが夫婦なのかもしれませんね。

見るべきは自分の心

自分の夫婦関係を考えるときにまず見るべきものは自分の心です。自分の中に何の判断基準もできていないうちは、優先すべき自分の心自体がわからないということです。この状態では「自分を幸せにする」ための決断は難しいので、自分なりの判断基準ができるまで自分と向き合うことが大切です。そして自分の中のベストな夫婦関係と呼べるものが見えてきて、それを夫と話し合いたいという気持ちになったのなら、「自然で正直」なコミュニケーションを使って話し合ってみましょう。

次に重要なのは、このときの夫の反応です。今までの夫婦関係によっては、すぐに夫から素直な反応が返ってこない場合もありますが、簡単には諦めず、伝えるべきことは伝えてみましょう。

もちろん「自然で正直」とはいってても感情をぶつけたり、何でもかんでもいえばいいということではありません。短く・ハッキリと・遠慮なく「私」を主語にして伝えたうえで、礼節は大切にしましょう。そして相手の反応はそのまま受け止めましょう。反応を受け止めるということは「そうなんだね」ということです。「そうなんだね」というのは単に「そうなんだね」ということであり、それ以上でも以下でもありません。反応を受け止めると聞くと「相手のいいなり」になることだと勘違いしてしまう人がいますが。それは「自然で正直」なコミュニケーションではありません。

自分の本当の心と向き合い、それを夫に率直に伝えその反応をそのままに見たら、後は自分自身の判断になります。これまで、結婚の構造を知るために「関係性のバランス」を知り、自分を責める何かを探るために「問題のすりかえ」について考え、夫婦の意思疎通を図るために「コミュニケーションの問題」についてお伝えしてきました。そしてその後は、あなたが今後どんなふうに生きていきたいかのイメージを広げてもらい、そのために必要なものを考えご自身の棚卸までしてきました。これらの材料を元に「自分を幸せにする」ためにどのような選択をするかをじっくり考えてみてください。

また、「夫と改めて話し合うのはどうかなぁ」と感じる方は無理して話し合う必要はありません。夫婦のカタチは人それぞれです。意思疎通をそれほど求めていない人だっています。なにより自分では話し合いたくもないのに話し合おうとする時点で、それは「自然」でも「正直」でもありませんから……。この場合は話し合いたくなるタイミングを待つか、もう一度自分のベストな夫婦関係を確認してみることです。自分にとってのベストな夫婦関係に大した支障がないのであれば、あえて話し合う必要もないのかもしれません。

03 自分らしく生きることで新たな道が見えてくる

自分らしさとは

自分らしく生きるという挑戦をはじめると、自分の本当の気持ちや望むものが加速度的に見えやすくなっていきます。自分らしさを周囲に投げかけることで何らかの反応が起き、その反応を見た自分の感情からまた自分の気持ちを確認することができる、というサイクルに入るからです。

このとき自分の心を注意深く見ていくことが大事です。するとそこに価値判断や罪悪感が隠れていることに気がつくと思います。自分のやりたいことをやったとき、周囲に認められることもあればそうではないこともあるでしょう。人間ですから誰にもまったく認められないよりは、誰かに認められたほうが嬉しいと感じるのは当たり前ですが、ここで必要以上に感情が動く場合は「誰かに認められる」ということ自体が自分にとって非常に大きな価値になっている証明です。「誰かに認められる」ことが自分にとっての一番の喜びであればその価値判断を持っていても問題ありませんが、「誰かに認められなければダメだ」という価値判断に縛られているなら、それは自分を苦しめる価値判断です。

価値判断や罪悪感は人間社会で生きるうえで必要不可欠なものですが、無意識のうちに自分には必要のない価値判断や罪悪感を持ちすぎて、がんじがらめになっている人も案外多いのです。

このことに気付くためには、少しずつでもいいので今まで我慢していたことに挑戦してみるといいでしょう。新しく何かをはじめると、自分の心に揺さぶりをかけられます。やってみた結果「特にやりたいことではなかった」と気がつく場合もあるでしょう。それはそれで、「やりたくなかった」という本当の気持ちに気がついたということなので、本来の自分らしさへと近づいているのです。

新たな道と新たなゴール

小さなゴールを設定し、それを達成したらまた次のゴールを設定する……。この繰り返しによってだんだん自分らしさがわかってきます。

自分らしさを知り、自分らしい行動をとればとるほど、それに対する反応とその反応に対する自分の感情の働きも見えてくるようになるので、さらに「本当の自分」がわかってきます。

「本当の自分」がわかってくれば来るほど、自分にとってベストな道も見えてくるでしょう。この繰り返しができるようになると、自分らしく生きることが自分にとってだんだん当たり前になってきます。

「本当の自分」とは決まりきったものではありません。環境や自分の年齢によって優先順位が変わったり、新たに見えてくるものもあります。つまり、自分の心は常に見直しが必要なものなのです。こう聞くと一見手間がかかるように感じますが、慣れてくるとそれが当たり前になり、見直すというよりは常に向き合っているような状態になるので大丈夫です。

本書のはじめで、怒りのエネルギーと共に「離婚」を小さなゴールとして設定しましょうとお話ししました。「なんとなく嫌だ」という漠然とした気持ちでは、自分と向き合うまでのエネルギーが出てこないからです。

自分と向き合うことは、慣れるまではそれなりにエネルギーを使います。特に最初の頃は、今まで「このままでよし」と見て見ぬふりしていたことを一つ一つ引っ張り出して見直していく作業になりますから、大変なことなのです。

でも、ここまで自分と向き合ってきたのですから、そろそろ次のゴールを見据えるタイミングではないでしょうか。熟年離婚するかどうかだけではなく、「自分を幸せにする」ためにはどうしたらいいのかを考えていきましょう。

次は、「自分の幸せ」をゴールにして「離婚するかどうか」を考えるのです。

自分の幸せが何かが見えてきたのであれば、その幸せのために離婚するのかしないのかを考えられるはずです。

自分を幸せにするためには、自分らしく生きるためにはどのような選択をしていけばいいのか。それを指針として選択・行動していきましょう。

04 相手は自分の鏡とは？

相手は自分の鏡

夫婦関係や人間関係のご相談などでよく「相手は自分の鏡」ということについて質問されます。「相手は自分の鏡（なのだから自分のことも見直しなさいよ）」という意見がなんとなく腑に落ちないと感じる方が多いのでしょう。

しかし、間違わないでいただきたいのですが、「相手は自分の鏡」の本当の意味は、「相手は自分の鏡（に映っている相手なのですよ）」ということです。

「鏡」が相手なのではなく、自分の中にある価値判断や思い込みが「鏡」であり、あなたはその「鏡」を通して相手や世界を見ていますよということです。

あなたがもしも「食事は残してはいけない」という価値判断の「鏡」を持って世界を見ていたのなら、食事を残す人が悪い人に見えるでしょう。

そして自分が何らかの理由で食事を残してしまって、そのことを誰かに心配されたとしたら、その心配の言葉はあなたの「鏡」を通すとあなたを責めているように感じてしまうかもしれません。なぜならあなたは「食事を残してはいけない」という鏡を通して相手の言葉を聞いているからです。「鏡」とはある意味自分の世界を見るときの基準です。人は「鏡」である自分の基準を通した世界しか見ることはできません。

ですから自分の「鏡」はしっかりと磨く必要がありますし、自分の「鏡」の特徴を知ることは大切です。自分が何を基準にして自分の世界を見ているのかをしっかり知ることは、自分を幸せにするうえで大切なことだからです。

自分は「鏡」を通して世界を見ているのですから、その鏡が歪んでいたら世界もそのまま歪んで見えてしまいます。

私が「自然で正直」なコミュニケーションをとることをおすすめするのは、自分の鏡の歪みの影響をなるべく避けるためです。コントロールとは価値判断から生まれます。自分が当たり前だと感じている世界を相手にも認めさせたいと感じたとき、人は無意識のうちに相手をコントロールしようとしてしまうのです。

とはいえ、すべてがクリアで一つも歪みがない「鏡」を持っている人はほとんど居ません。そして、あなたが宗教家でもない限り、そのような「鏡」を目指す必要もありません。

大切なのは鏡の歪みをなくすことではなく、自分の鏡の歪みが自分にとって必要かどうかを見極めることと、自分の鏡にどのような特徴があるかを知っておくことなのです。

まずは自分から

本書をここまで読んでくださったあなたには、離婚するかどうかを決める前に、自分から相手へ何らかの働きかけをしてみることをおすすめしたいのです。

あなたの本当の目的は「自分を幸せにする」ことです。自分を幸せにするための手段として「自分としっかり向き合い」「自分の中の価値判断と罪悪感を認識し」相手と「自然で正直」なコミュニケーションを上手にとることができたとしたら……。そこには現実を大きく変える力が宿り、(何もせずに離婚してしまうより) 幸せになれる可能性が高まるからです。この力の根底には「鏡」のお話があります。自分の世界が「鏡」を通してしか見られないのだから、「鏡」が変われば世界は根底から大きく変わります。

逆にいうと「鏡」を変えないまま、いくら目の前の嫌な現実を変え続けてもスッキリするのは一時的で、常に似たような問題に見舞われる可能性があるということです。

「そんなにすごい力が働くのなら、相手から勝手に変わって欲しい！」と思う方もいるかもしれません。しかし鏡に映った世界に働きかけることは、自分にしかできないことです。鏡の前でじっと鏡の向こう側が勝手に動くのを待っていても、叶うことはないでしょう。私が「自分らしく幸せになるためには主体性が必要だ」といっているのはこういうことです。あなたの見ている世界は、あなたが変えるしかないのです。

今の自分を確認し、自分の幸せは自分で決め、そのために自ら必要なことをする。その結果を見て必要であればまた自分を見直し働きかけ方を工夫してみる……。自分らしく幸せになるための手順は、簡単にいうならこの繰り返しです。

自分の「鏡」を確認し、新しくしたとき、その「鏡」を通して自分の世界を改めて眺めてみたとき、どう思うでしょうか。もしかしたら、あなたの世界はあなた自身が思っているよりもずっと優しい世界だったのかもしれません。

05 お互いにとって正しい距離感で生きていこう

正しい距離感とは

正しい距離感とは「お互いのよさを引き出しあえる距離」で付き合うことです。実は相性の「良し悪し」とは、この距離感のことを指す場合が多く、どの程度距離を置けばお互いがお互いのよさを引き出しあえるのかということでしかなかったりします。

お互いにとって心地よいと感じる距離がほぼ同じであれば、その距離が近くても遠くても揉め事は起きにくくなり、その距離感において相性がいいということになります。

もちろん人間関係があっさりと正しい距離感に収まることは稀です。大抵の場合どちらか片一方が「距離を詰めたい」と感じたり、どちらか片一方が「距離を置きたい」と感じたりします。そしてそこで摩擦や揉め事が生じます。ただし摩擦や揉め事も正しい距離をはかる調整のようなものなので、そこまで恐れる必要はありません。人と人とが近づくためには、それなりに抵抗が生まれます。それに伴って、何らかの調整を行うのは普通のことです。

人と人との距離は、近ければ近いほどいいということではありません。摩擦や揉め事を恐れすぎる必要はありませんが、摩擦や揉め事で必ずお互いのよさが引き出しあえるということでもないからです。

正しい距離感を知るためには、自分の気持ちだけではなく相手の気持ちも考慮しなければなりません。正しい距離感かどうかは「お互い」のよさを引き出しあえる距離なのかどうかで判断します。これは「私があなたのよさを引き出してあげる！」とか「あの人に近くにいるといい思いができそう！」とかいう一方的な都合ではないということです。相性によっては、お互いの顔も存在も気づけないほどの距離がお互いに穏やかに暮らせる「お互いのよさを引き出しあえる」正しい距離感という場合もあります。

夫婦や家族、友人など比較的距離が近い人間関係の場合、近い距離イコール仲がいいと思われがちです。しかし、距離が近いことでお互いに疲弊し、相手の悪いところばかりが見え、自分も相手に酷い態度をとってしまうのであれば、それは距離が近すぎるのかもしれません。

よく「離れたら親のありがたさがわかった」とか「離婚してからのほうが言いたいことをいい合える」などというお話がありますが、これらは色々あった結果正しい距離感で関係を持つようになったということです。

正しい距離感は、立場や状況によっても変わってきます。若く「男女の関係」がメインだった頃は近い距離で上手くいっていたとしても、年齢や状況が変わり、少し距離を置くぐらいが丁度よくなったという場合もあります。

夫婦という可能性

子育てを終えて人生の折り返し地点が見えてきた今ならば、世間一般の結婚生活の常識を超えた、自分たちなりの「夫婦としての正しい距離感」を模索することができるかもしれません。そして新しい関係性を構築しなおすことも、夢物語ではありません。

「夫婦はいつも一緒にいるべきだ」「妻は夫の世話を焼くべきだ」「夫婦はお互いのことを把握しておくべきだ」といった一般的な夫婦のイメージを捨ててみましょう。

「夫婦」という言葉と、そこからくるイメージに囚われすぎる必要はないと心底思うことができるようになると、様々な可能性が一気に広がります。

たとえば「朝から晩まで夫と一緒にいると喧嘩になるが、朝と夜だけ顔を合わせる分には何となくお互いを労わりあえる」という夫婦がいるなら、明るい家庭内別居をして、朝と夜だけ挨拶を交わしあう関係性になるというのもいいでしょう。

離婚の労力は必要なく、誰も近くにいないという心細さも軽減され、長年一緒にいたからこそ気を使わなくてもいい相手と適度な距離で一緒にいる……こう考えると同居人としての夫がそれなりにメリットがある存在に見えてくるかもしれません。もっと距離をとりたい場合は、経済状態が許すなら、別居婚という手も悪くないかもしれません。

結婚をして家庭を作り、子供を育てるという時期は、世間一般とのすり合わせが必要な場面も多かったでしょう。しかし、これからは「自分の幸せ」を基準に夫婦関係を考えられる時期です。

関係性のバランスと夫婦の距離感を考えていくと、夫婦関係の可能性は大きく膨らみます。もちろん夫との話し合いが必要になってはきますが、別の誰かと新たな関係性を作るのだとしても、そこにもまた摩擦は起き話し合いの必要性は生まれるものです。

あなたと夫との関係性は、何らかのリサイクルができるのではないでしょうか。本当に捨ててしまってもいいものなのかを、捨てる前にもう一度しっかりと考えてみてください。

06 正しい道とはあなたが幸せになる道

正しさとは

自分の人生に迷うとき、「正しさ」は非常に魅力的に見えます。正しい道を選べば、その後はもう安心安全のように感じるからです。迷ったり悩んだりしたときについつい人に相談したくなるのは、「どこかに正しい道があるのではないか？」と感じてしまうからです。しかし、正しさは何らかのルールや条件があってはじめて機能するものなのです。サッカーにおいて足でボールを蹴ることが正しいのは、サッカーのルールで決まっている条件だからです。つまり、自分の人生の選択において正しい道を探すなら、まず条件やルールを決めなければなりません。もちろん、それを決めるのは自分です。友人に相談して示してもらった正しい道は、その友人のルールに則った正しい道です。あなたにとっての正しい道を知るためには、あなた自身のルールや条件が必要なのです。

もしもあなたのルールが「離婚はダメだ」というルールなら、どんなに苦しくても「離婚しないこと」が正しさになるでしょうし、「白黒はっきりつけなければダメだ」というルールなら、上手くいかないと感じたら即離婚するのが正しい道でしょう。自分にとっての正しさとは、自分の中の価値判断（ルール）次第でいくらでも変わってしまうのです。

ですから思い出してください。本書で繰り返しあなたにお伝えしている本当のゴール（目標）のことを。「自分を幸せにする」これがあなたにとって最も重要なゴール（目標）であり譲れない条件です。この条件に則りルールを決めてください。自分を幸せにするためにはどのようなルールが必要なのかは、なりたいイメージや、イメージを現実化する準備、それに伴う自分の棚卸をしたことで少しずつ見えてきているはずです。まだ自分の幸せが曖昧でよくわからないのであれば、これらを何度か繰り返し確認してみましょう。「正しさ」は、自分を苦しめるためではなく自分を幸せにするために使うものです。正しい道にも、プラスもあればマイナスもあります。メリットもデメリットも両方あります。しかし大元の選択基準さえしっかりしていれば、あなたの「幸せになる」という気持ちが揺らぐことは少なくなるでしょう。

幸せになるというルール

自分を幸せにするためのルールを定めるときに考えて欲しいのが、「幸せ」の範囲についてです。ここまでで散々、自主性が大切だとお伝えしてきたのは、多くの女性が自分より家族や周りの幸せを優先して考えてしまうからです。

周囲の人の幸せを自分のことよりも優先して考えるのは大変素晴らしいことではありますが、「自分を犠牲にして」までとなると話は別です。自分を犠牲にしてしまうとそこには大きな負荷がかかり、その負荷は人間関係において歪みを生みます。歪みはいつか元に戻ろうとしますから、限界が来ると大きな反動がやってきます。

誰かのために何かをするときは「犠牲になる」のではなく「余力をプレゼントする」く

らいのほうが歪みが少なく、結果的に自分も自分の周りも幸せになれます。

次に考えるべきは「その幸せがどこまで含んだ幸せなのか？」という、幸せの範囲についてです。ある程度の人生経験を重ねてきた人であれば、「調和」についても考えることでしょう。「自分さえ幸せならそれでいい」という状態では調和は生まれず、その幸せは長続きしません。反対に自分を犠牲にしても上手くはいきません。実はこの「自分さえ幸せになればいい」も「自分さえ犠牲になればいい」も本質的には同じ間違いなのです。これらは正反対のようでいて同じことです。幸せは自分からはじまり、波紋のように自分の世界へと広がります。この自然に波紋が広がる様子が、「調和」です。調和には自分も自分の周囲も必要です。「自分」を置き去りにしたり「自分の周囲」を蔑ろにしたりしては、調和を目指すことはできません。

ですから「自分の幸せ」を考えるときは、そのゴール（目標）の幸せにはどこまでの範囲の調和を含むのかということも意識してみてください。そうすることで、より安定した幸せを手に入れる可能性が高まることでしょう。

07 人生の折り返し地点からは自分らしく輝こう

自分の物差しを持つ

人生の折り返し地点が見える時期は、自分の人生を振り返るタイミングなのかもしれません。「このままでいいのか?」「もっと別の新たな道があるのではないか?」など、年齢的にも環境的にも大きなうねりを感じる方も多くいらっしゃいます。特に結婚出産という道を歩んできた女性にとっては、子供が手を離れたタイミングでもあり、今後の人生についてより深く考えてしまう時期ともいえるでしょう。

人生が大きく変わる時期に自分と向き合うことは非常に大切です。自分と向き合うことで、自分が今後何を大切にして生きていくのかという指針が見えてくるようになるからです。「人生100年」といわれている現代において、50歳でもまだ半分。まだまだ先は長いのです。そのような果てしなく長い旅を、今後何の指針も物差しももたないまま彷徨い歩くのは、非常に無謀なことだといえるでしょう。

自分の幸せのカタチは自分にしかわかりません。けれど、自分のことだからといって何も考えなくても自動的にわかるものでもありません。自分としっかり向き合うことで、自分の本当の好みや、やりたいこと、やりたくないこと、自分にとって大切にしたいことや自分にとって必要ないことなどが、少しずつ見えてくるようになるでしょう。

幸せになるためには長期的に叶えたい目標と短期的な心地よさの積み重ね、このどちらも必要です。しっかりと自分と向き合いつつ、これからの自分の人生を長期的・短期的に考え、一つ一つの事柄を自分の気持ちと照らし合わせていきましょう。今後のあなたの人生という旅は、自分の物差しをしっかりと持って楽しんでください。

自分らしく輝く人生を

なんとなく毎日が嫌で「熟年離婚」を考えてしまっているあなたに、様々なことをお伝えしてきました。中には抵抗があったり、読み飛ばしてしまったところもあるかもしれませんが、大きく流れを箇条書きにするとこんなところでしょうか。

・思考の整理をするためのゴール（目標）の決め方
・「離婚！」と考えたときに確認すべき3つのこと
・結婚構造とそれを支える3つの関係性の変化とバランスについて
・問題のすりかえにおける価値判断や罪悪感について
・夫婦関係向きの「自然で正直」なコミュニケーションの取り方について
・離婚後の自分の人生をシミュレーションするためのイメージの広げ方
・イメージを現実へと落とし込む方法

・自分の棚卸

この流れは、悩み事を解決するための「思考の整理整頓」が自然にできるような構成になっています。悩み事は絡まった糸に似ています。そのままあちこちを闇雲に引っ張ると、さらに固く絡まり、悩みはますます強化されます。まずは一つ一つ糸を確認しては緩め、どの糸と糸が絡まっているのかを確認していくのが悩み事を解決するためのよい方法です。そのうえで、それぞれの糸をあるべき場所に収めて、自分の望んだデザインを確認し、コツコツと少しずつ織り上げていくのです。もちろん、たまに遠くから眺めてデザインを確認することも忘れてはなりません。そうやって時間をかけながら大切に織り上げていくと、絡まった糸の塊がいつの間にか自分が欲しかった幸せというデザインの布に仕上がっていくのです。もしかしたら、その布は糸が絡まっていたときには想像もできなかったような、美しいデザインの布かもしれません。

あなたの人生も美しいデザインの布になる可能性を秘めています。なぜなら本気で離婚を考えることは、本気で自分の人生を考えることだからです。

流されることをよしとせず、問題を問題として認めて主体的に取り組もうと考えたからこそ「離婚したい」と考えたわけです。ですから是非、「自分を幸せにする」ことをゴール（目標）にして、思考の整理を続けてみてください。自分と向き合った結果、離婚したとしても離婚しなかったとしても、あなたの人生は離婚のことを考える前とは大きく違ってくるでしょう。

あなたが「自分の幸せ」を知ると、波紋が広がるように周囲によい影響を与え、「調和」が生まれます。「調和」が生まれることであなたはさらに自分らしく輝くことができます。そして、そんなあなたの輝きは誰かを勇気づけ支える力を持ち、その力があなたの未来をも明るく照らしてくれるはずです。

「熟年離婚」という難問を抱えながらスタートした「思考の整理整頓」ですが、本当の意味でのスタートはここからはじまります。

あなたの幸せな人生の旅路を心から応援しています。

おわりに

魔術師などという怪しげな言葉にも負けず、思考の整理をするという大変さにも負けず、ここまでお付き合いいただき本当にありがとうございます。

私が本書に込めたたった一つの願いは、「あなたが自分を幸せにすると意図することができますように……」ということです。

自分の意図をハッキリと掴むことができたら、人生の選択の幅は大きく変わります。そして人生の選択が変わると人生そのものもまた大きく変わるのです。

本書は「熟年離婚」について書かれていますが、離婚するか離婚しないか自体にはそれほど拘って書いていません。

なぜなら「自分を幸せにする」と意図することさえできれば、どちらを選択したとしてもあなたは自分自身を幸せにすることができるからです。

私は頑張っている人が好きです。

頑張っているからといって全てが報われるとは限りませんし、頑張る方向性がもしかしたら間違ってしまうこともあるかもしれません。それでも、せっかく受けた生を一生懸命に燃やしている人は、ただそれだけで本当に美しいと思うからです。

「離婚したい」と真剣に考える人は、それだけ自分の人生にも一生懸命向き合っています。ですから私は、そんな一生懸命な人が幸せになれるよう心から応援したいと思っています。

今回このような機会をいただけて、あなたとのご縁ができたこと、本当に嬉しく思います。ご縁というものは自分だけの力ではなく、様々な人とのたくさんの出会いとコミュニケーションによって大きく育まれていくものです。

今回の出版にあたってもたくさんの方々に大変お世話になりました。

とくに、魔術師などという怪しげな、著者としてはずぶの素人の私に、このような機会を与え、きめ細やかなサポートをしてくださったケイズパートナーズの山田さん。チャンスを掴むための後押しを大胆にしてくださった望月さん。お二人には本当に感謝しております。

また、突然の出版という出来事をよくわからないままに応援してくれた我が夫。苦しいとき優しく励ましてくれた友人Yさん。そっと見守ってくれた家族。本書を楽しみに応援してくれているメンバーさん達。今まで私と出会ってくれた全ての人達。ここまで漕ぎつけることができたのは皆さんのおかげです。ありがとうございます。

そして何より、今ここをお読みいただいているあなた。
本当に本当に、ありがとうございます。どうか全力で幸せになってくださいね。

私はいつもあなたの幸せを陰ながら祈っております。いつの日か幸せそうなあなたにお会いできる、そんな日が来ることを楽しみにしています。

monika

著者紹介

monika

美容師・魔術師

札幌市在住。幼少期から、お呪い・タロットなど白魔術修行をスタート。

中学生になるころには友人の悩み相談を受け、タロット占いをしたりお呪いをしたりする日々を送る。高校卒業後「その人らしい魅力を引き出すお手伝いがしたい」「沢山の人と接してみたい」という理由で美容師を志す。

美容師として活動中も、毎日のように同僚やお客様からの人生相談を受け、それに応えるため更なる魔術修行のほか認知心理学、脳科学、色彩学などを研究。非常に近い距離感で長期的定期的に沢山の人と関わり「様々な人間のタイプ」と「コミュニケーション」「上手くいく時」「上手くいかない時」の違いについて実践的に学ぶ。

結婚後サロン開始。サロンにて外見の相談にのる傍ら、夫婦関係、思考の整理などのセッション。引き寄せの法則の元となる錬金術や魔術、人間関係の心理学、コミュニケーション等の講座やセミナーを開催。

●LINE公式アカウント　monika【万相談】
https://lin.ee/7BshSh6
※LINE公式アカウントご登録後、スタンプを送っていただくとmonikaよりあなただけの招福メッセージをプレゼント

●アメブロ
https://ameblo.jp/49monika66/

離婚をしたら私は幸せになれますか?

熟年離婚を考えたら読む本

2021年11月15日　初版第一刷発行

著　者　monika
発行者　宮下晴樹
発　行　つた書房株式会社
〒101-0025　東京都千代田区神田佐久間町3-21-5　ヒガシカンダビル3F
TEL. 03（6868）4254
発　売　株式会社三省堂書店/創英社
〒101-0051　東京都千代田区神田神保町1-1
TEL. 03（3291）2295
印刷／製本　シナノ印刷株式会社

ISBN978-4-905084-48-8